SALADES COMPLÈTES

100 RECETTES DÉLICIEUSES POUR FAIRE D'UNE SALADE UN PLAT UNIQUE

SALADES COMPLÈTES

100 RECETTES DÉLICIEUSES POUR FAIRE D'UNE SALADE UN PLAT UNIQUE

Sophie Dupuis-Gaulier

Photographies : Guillaume Czerw
Stylisme : Sophie Dupuis-Gaulier

hachette
CUISINE

INTRODUCTION

La salade complète, une amie qui vous veut du bien !

À l'arrivée des beaux jours, l'envie de manger sainement et légèrement se fait pleinement sentir. C'est l'époque où les salades pointent à nouveau le bout de leur nez. En hiver, ce genre de plats nous attire beaucoup moins. Mais même l'été, la salade laisse parfois la faim nous tirailler à peine passé le milieu d'après-midi.

Mais si elles sont « complètes », les salades peuvent tirer leur épingle du jeu !

On entend par « salade complète » une salade apportant une part des trois nutriments indispensables à la santé, « protéines, lipides et glucides complexes » mais aussi des fibres, et enfin un maximum de vitamines et de minéraux pour la forme et la santé.

Pour être complète, une salade doit contenir :
- Des légumes crus ou cuits pour les fibres ;
- Des féculents pour la source d'énergie ;
- Des protéines pour la masse musculaire ;
- Un peu de matière grasse pour le bon fonctionnement du cerveau.

En solo ou pour une grande tablée, la salade complète constitue un plat unique, équilibré et savoureux.

Pour une salade forme, pensez à rajouter des condiments (ail, oignon, échalote, herbes aromatiques, épices…) : ils sont pauvres en calories et riches en micronutriments.

Lors de la saison chaude, pensez aux versions crues (légumes, viandes ou poissons) alors que, en hiver, choisissez des éléments plus roboratifs, tels que les courges ou les pommes de terre !

Les féculents et les céréales sont parfois un peu longs à cuire, alors organisez-vous et cuisez-les à l'avance. Ils se gardent plusieurs jours au frais, stockés dans des boîtes hermétiques.

Pensez à varier les sauces : huile d'olive, huile de noix, jus de citron, purée d'oléagineux… Elles aussi peuvent être préparées à l'avance.

Végétaliens, végétariens, flexitariens ou carnivores, tous trouveront salade à leur pied.

Soyez créatifs, les salades complètes sont personnalisables à l'infini !

SOMMAIRE

PRINTEMPS

POULET TANDOORI, ORGE PERLÉ ET BROCOLI

POUR 4 PERSONNES • PRÉPARATION : 15 MIN • CUISSON : 12 MIN • BON MARCHÉ

INGRÉDIENTS

400 g de filets de poulet
20 g de beurre
2 cuil. à soupe d'épices à tandoori
200 g de fleurettes de brocoli
60 g de noix de cajou
4 branches de cerfeuil
600 g d'orge perlé cuit

Pour la vinaigrette
4 cuil. à soupe d'huile d'olive
4 cuil. à soupe de vinaigre balsamique blanc
Sel, poivre

Coupez les filets de poulet en lanières. Faites chauffer le beurre dans une poêle, ajoutez les lanières de poulet et saupoudrez-les d'épices à tandoori. Laissez cuire pendant 10 min en remuant régulièrement.

Lavez les fleurettes de brocoli et taillez-les en fines lamelles à l'aide d'une mandoline.

Faites torréfier les noix de cajou pendant 2 min à sec dans une poêle très chaude en surveillant bien.

Lavez le cerfeuil, séchez-le et ciselez-le.

Préparez la vinaigrette en mélangeant l'huile d'olive, le vinaigre balsamique blanc, le sel et le poivre. Émulsionnez bien.

Placez tous les ingrédients dans un saladier, versez la vinaigrette et mélangez. Parsemez de cerfeuil ciselé.

FÈVES, FETA, MENTHE ET CHORIZO

POUR 4 PERSONNES • PRÉPARATION : 15 MIN • CUISSON : 8 MIN • BON MARCHÉ

INGRÉDIENTS

800 g de fèves décortiquées
160 g de chorizo piquant
240 g de feta
4 branches de menthe

Pour la vinaigrette
6 cuil. à soupe d'huile d'olive
3 cuil. à soupe de vinaigre balsamique blanc
Sel, poivre

Faites cuire les fèves à la vapeur pendant 7 à 8 min. Décortiquez-les si nécessaire.

Retirez la peau du chorizo et coupez-le en petits dés. Détaillez la feta en morceaux. Lavez, séchez et ciselez la menthe.

Préparez la vinaigrette en mélangeant l'huile d'olive, le vinaigre balsamique blanc, le sel et le poivre. Émulsionnez bien.

Mélangez tous les ingrédients dans un saladier. Arrosez de vinaigrette et servez aussitôt.

SALADE COBB

POUR 4 PERSONNES • PRÉPARATION : 30 MIN • CUISSON : 20 MIN • RAISONNABLE

INGRÉDIENTS

2 œufs
2 tomates
4 tranches de bacon
160 g de poulet
1 avocat
1 petite laitue
1 petite romaine
1 grosse endive
80 g de roquefort

Pour la sauce
10 brins de ciboulette
1 gousse d'ail
4 cuil. à soupe de vinaigre de vin blanc
4 cuil. à soupe de miel
4 cuil. à soupe de mayonnaise
20 g de roquefort
4 cuil. à soupe d'huile d'olive

Faites durcir les œufs pendant 12 min. Égouttez-les. Refroidissez-les sous l'eau fraîche et écalez-les. Réservez.

Lavez les tomates. Retirez le pédoncule et coupez-les en six.

Dans une poêle, faites dorer les tranches de bacon durant 6 min en les retournant à mi-cuisson.

Détaillez le poulet en lanières. Faites-les dorer dans la même poêle durant 10 min en les retournant à mi-cuisson.

Épluchez l'avocat et coupez-le en petits dés.

Lavez, séchez et ciselez très grossièrement les salades et l'endive.

Émiettez le roquefort.

Préparez la sauce : lavez, séchez et ciselez la ciboulette. Épluchez la gousse d'ail et hachez-la finement. Mélangez tous les ingrédients. Salez et poivrez.

Répartissez tous les ingrédients de façon harmonieuse dans un plat. Arrosez de sauce et servez rapidement.

SALADE DE PÂTES À L'ORIENTALE

POUR 4 PERSONNES • PRÉPARATION : 15 MIN • CUISSON : 9 MIN • BON MARCHÉ

INGRÉDIENTS

200 g de pâtes multicolores
12 tomates cerise
120 g de gigot d'agneau cuit
2 branches de menthe
2 branches de coriandre
150 g de pois chiches déjà cuits
4 cuil. à soupe de mayonnaise
1 cuil. à café de harissa
½ cuil. à café d'ail en poudre
Sel, poivre

Faites cuire les pâtes *al dente* comme indiqué sur le paquet (9 min environ).

Lavez et séchez les tomates cerise. Coupez-les en deux.

Détaillez le gigot cuit en morceaux.

Lavez, séchez et effeuillez la menthe et la coriandre

Mélangez la mayonnaise, la harissa et l'ail en poudre. Salez et poivrez.

Mélangez tous les ingrédients dans un saladier. Servez rapidement.

CARPACCIO DE FOIE GRAS ET RHUBARBE

POUR 4 PERSONNES • PRÉPARATION : 20 MIN • CONGÉLATION : 1 H • CHER

INGRÉDIENTS

80 g de foie gras
4 tranches de pain de mie
3 cuil. à soupe d'huile d'olive
2 cuil. à soupe de vinaigre balsamique
100 g de mesclun
1 petite tige de rhubarbe
4 petites branches de thym
Sel, poivre

Placez le foie gras au congélateur pendant 1 h.

Toastez le pain de mie. Mélangez l'huile et le vinaigre. Lavez et séchez le mesclun.

Rincez la tige de rhubarbe et détaillez-la en fines tranches à l'aide d'une mandoline ou d'un couteau très tranchant.

Sortez le foie gras du congélateur et, à l'aide d'une mandoline, détaillez-le en carpaccio. Déposez-le au fur et à mesure sur les toasts. Ajoutez la rhubarbe, le thym effeuillé, le sel et le poivre. Arrosez de vinaigrette. Servez aussitôt.

MESCLUN
ET PETITS ROULÉS D'OMELETTE AU SPECK ET À LA MENTHE

POUR 4 PERSONNES • PRÉPARATION : 25 MIN • CUISSON : 3 MIN PAR OMELETTE • BON MARCHÉ

INGRÉDIENTS

8 tranches de speck
80 g de mesclun
16 feuilles de sauge
8 œufs
10 g de beurre
Poivre

Pour la vinaigrette
2 cuil. à soupe d'huile de noisette
3 cuil. à soupe de vinaigre balsamique blanc

Préparez la vinaigrette en mélangeant l'huile de noisette et le vinaigre balsamique blanc.

Coupez les tranches de speck en deux. Lavez et séchez le mesclun et les feuilles de sauge.

Battez chaque œuf séparément en omelette. Poivrez.

Dans une petite poêle, faites fondre le beurre et réalisez 8 omelettes très fines.

Sur chaque omelette, déposez deux demi-tranches de speck, puis 1 feuille de sauge sur chaque demi-tranche. Roulez l'omelette sur elle-même avec les demi-tranches de speck à l'intérieur. Coupez chaque rouleau en deux et maintenez-les à l'aide d'une petite pique à apéritif. Procédez de même avec toutes les omelettes (vous obtenez donc 16 rouleaux).

Déposez un peu de mesclun dans chaque assiette, puis placez 4 morceaux de rouleaux d'omelette dans chaque assiette. Arrosez de vinaigrette. Servez aussitôt.

À SAVOIR

On ne met pas de sel car le speck est déjà très salé.

BÁNH XÈO

POUR 4 PERSONNES • PRÉPARATION : 30 MIN
CUISSON : 3 MIN PAR CRÊPE • RAISONNABLE

INGRÉDIENTS

<u>Pour la pâte à crêpes</u>
150 g de farine de riz
1 cuil. à café de fécule de maïs
½ cuil. à café de sel fin
1 cuil. à café de curcuma en poudre
10 cl de lait de coco
4 petits oignons frais avec un peu de leur tige

200 g de crevettes cuites
1 petit piment rouge
1 cuil. à café de beurre de cacahuète
3 cuil. à soupe de nuoc-mâm
Quelques feuilles de salade
4 branches de menthe
4 branches de coriandre
80 g de pousses de haricots mungo
1 citron vert

Mélangez la farine de riz, la fécule de maïs, le sel et le curcuma.

Ajoutez 22,5 cl d'eau et le lait de coco.

Ajoutez quelques tiges vertes d'oignon frais coupées très finement.

Mélangez l'ensemble jusqu'à l'obtention d'une pâte à crêpes.

Faites cuire les crêpes dans une poêle antiadhésive (environ 3 min de cuisson par crêpe). Réservez-les.

Ôtez la carapace des crevettes. Épépinez le piment et ciselez-le finement.

Mélangez le beurre de cacahuète avec la sauce nuoc-mâm. Réservez.

Ciselez les oignons. Lavez et séchez la salade.

Lavez, séchez et effeuillez les branches de menthe et de coriandre.

Disposez tous les ingrédients sur les crêpes.

Servez avec la sauce au beurre de cacahuète et avec le citron vert coupé en quatre.

À SAVOIR

Le bánh xèo est une recette d'origine vietnamienne. On peut ajouter du porc si on le souhaite.

SALADE DE PÂTES PRIMAVERA

POUR 4 PERSONNES • PRÉPARATION : 15 MIN • CUISSON : 9 MIN • BON MARCHÉ

INGRÉDIENTS

280 g de spaghetti
120 g de haricots verts extra-fins
1 gousse d'ail
½ citron beldi
40 g de pignons de pin
60 g de petits pois crus
1 courgette
10 feuilles de basilic

Pour la vinaigrette
4 cuil. à soupe d'huile d'olive
2 cuil. à soupe de vinaigre de xeres
Sel, poivre

Faites cuire les spaghettis *al dente* comme indiqué sur le paquet. Égouttez-les et refroidissez-les en les passant sous l'eau fraîche.

Dans une casserole, portez de l'eau salée à ébullition. Faites cuire les haricots verts pendant 7 min et refroidissez-les.

Épluchez la gousse d'ail et ciselez-la finement.

Détaillez le demi-citron beldi en petits dés.

Dans une poêle très chaude, faites torréfier les pignons de pin pendant 2 min à sec dans une poêle très chaude en surveillant bien.

Lavez et séchez la courgette. Détaillez-la en fins filaments.

Préparez la vinaigrette en mélangeant l'huile d'olive, le vinaigre de xeres, le sel et le poivre. Émulsionnez bien.

Mélangez tous les ingrédients. Arrosez de vinaigrette. arsemez de basilic lavé, séché et ciselé.

BŒUF SÉCHÉ, COUSCOUS ISRAÉLIEN, POMME ET POIS GOURMANDS

POUR 4 PERSONNES • PRÉPARATION : 15 MIN • CUISSON : 20 MIN • BON MARCHÉ

INGRÉDIENTS

280 g de couscous israélien
200 g de champignons de Paris
80 g de pois gourmands
2 cuil. à soupe d'huile d'olive
8 tomates cerise
1 pomme
100 g de bœuf séché
20 g de copeaux de parmesan

Pour la vinaigrette
4 cuil. à soupe d'huile d'olive
2 cuil. à soupe de vinaigre balsamique
Sel, poivre

Dans un grand volume d'eau, faites cuire le couscous israélien pendant 20 min. Égouttez-le et laissez-le refroidir.

Pendant ce temps, épluchez les champignons et détaillez-les en tranches fines. Lavez et séchez les pois gourmands. Coupez-les en deux.

Dans une grande poêle, faites chauffer 2 cuil. à soupe d'huile d'olive et faites sauter les champignons et les pois gourmands à feu vif pendant 3 ou 4 min.

Lavez et séchez les tomates cerise et la pomme. Coupez la pomme en quatre et détaillez-la en fines lamelles après avoir retiré le cœur et les pépins. Coupez les tomates cerise en deux.

Préparez la vinaigrette en mélangeant l'huile d'olive, le vinaigre balsamique, le sel et le poivre. Émulsionnez bien.

Assemblez tous les ingrédients dans un saladier, arrosez avec la vinaigrette et rectifiez l'assaisonnement. Parsemez de copeaux de parmesan.

NEMS DE MAGRET SÉCHÉ, ROQUETTE ET COMTÉ

POUR 4 PERSONNES • PRÉPARATION : 25 MIN • CUISSON : 12 MIN • RAISONNABLE

INGRÉDIENTS

15 g de beurre
4 feuilles de brick
240 g de comté
32 tranches de magret de canard
16 cornichons
120 g de roquette
12 marrons en bocal

Pour la vinaigrette
4 cuil. à soupe d'huile d'olive
2 cuil. à soupe de vinaigre de noix
Sel, poivre

Faites fondre le beurre. À l'aide d'un pinceau, beurrez les feuilles de brick recto verso.

Détaillez le comté en bâtonnets de 15 g environ. Retirez le gras du magret. Coupez les cornichons en deux dans le sens de la largeur.

Coupez chaque feuille de brick en quatre. Repliez la partie ronde sur la partie droite de façon à former une bande.

Déposez 1 tranche de magret de canard sur un morceau de brick, recouvrez-la d'un morceau de comté, puis d'un demi-cornichon, recouvrez d'une autre tranche de magret et d'un demi-cornichon. Renouvelez l'opération pour tous les morceaux de feuilles de brick.

Roulez chaque morceau de feuille de brick sur lui-même, déposez-les au fur et à mesure sur une plaque de cuisson recouverte de papier sulfurisé.

Préchauffez le four à 180 °C (th. 6). Enfournez pour 10 à 12 min jusqu'à ce que les nems soient bien dorés.

Pendant ce temps, lavez et séchez la roquette. Égouttez bien les marrons. Préparez la vinaigrette en mélangeant l'huile d'olive, le vinaigre de noix, le sel et le poivre. Émulsionnez bien.

Dans un plat, disposez la roquette et les marrons. Arrosez de vinaigrette et déposez les nems chauds. Dégustez sans attendre.

ASPERGES, SAUMON LAQUÉ AU SIROP D'ÉRABLE ET PAIN D'ÉPICES

POUR 4 PERSONNES • PRÉPARATION : 10 MIN • CUISSON : 18 MIN • RAISONNABLE

INGRÉDIENTS

1 botte d'asperges vertes
100 g de pâtes « avoines »
400 g de pavés de saumon
20 g de beurre
4 cuil. à soupe de sirop d'érable
2 tranches de pain d'épices

Pour la vinaigrette
4 cuil. à soupe d'huile d'olive
2 cuil. à soupe de vinaigre de xeres
Sel, poivre

Retirez le pied des asperges. Faites-les cuire à la vapeur pendant 7 à 8 min. Plongez-les dans un saladier d'eau glacée pour stopper la cuisson.

Faites cuire les pâtes « avoines » *al dente* comme indiqué sur le paquet. Égouttez-les.

Rincez les pavés de saumon sous l'eau froide et séchez-les avec du papier absorbant. Détaillez-les en cubes.

Faites fondre le beurre dans une grande poêle. Ajoutez le sirop d'érable et les cubes de saumon, faites-les cuire 3 ou 4 min à feu vif. Ils doivent être dorés à l'extérieur et rosés à l'intérieur.

Détaillez les tranches de pain d'épices en dés. Faites-les dorer 4 à 5 min sous le gril du four.

Préparez la vinaigrette en mélangeant l'huile d'olive, le vinaigre de xeres, le sel et le poivre. Émulsionnez bien.

Mélangez tous les ingrédients de la salade et arrosez de vinaigrette. Servez aussitôt.

POULET FROID, QUINOA ET TARTARE D'ALGUES

POUR 4 PERSONNES • PRÉPARATION : 30 MIN • CUISSON : 20 MIN • RAISONNABLE

INGRÉDIENTS

280 g de quinoa
400 g de blancs de poulet
15 g de beurre
2 poignées de roquette
8 tomates cerise de plusieurs couleurs
½ citron confit
½ baguette un peu rassie
100 g de tartare d'algues

Pour la vinaigrette
4 cuil. à soupe d'huile d'olive
2 cuil. à soupe de vinaigre de vin
Sel, poivre

Rincez plusieurs fois le quinoa sous l'eau froide (afin d'éviter l'amertume). Faites-le cuire pendant 12 min dans 560 g d'eau salée. Égouttez-le et rincez-le sous l'eau fraîche pour le refroidir.

Détaillez le poulet en lanières. Dans une poêle, faites fondre le beurre, ajoutez les lanières de poulet et faites-les dorer 10 min de chaque côté.

Rincez et séchez la roquette et les tomates cerise. Coupez les tomates cerise en deux. Détaillez le citron confit en petits dés.

Préparez la vinaigrette en mélangeant l'huile d'olive, le vinaigre de vin, le sel et le poivre. Émulsionnez bien.

Détaillez la baguette en tranches de 1 cm d'épaisseur. Faites-les dorer sous le gril du four. Tartinez-les avec le tartare d'algues.

Égouttez le quinoa. Mélangez le quinoa, la roquette, le citron confit, les tomates cerise. Arrosez de vinaigrette, mélangez de nouveau.

Déposez sur le dessus le poulet et les toasts d'algues. Servez aussitôt.

CONSEIL

Ne salez pas trop, le citron confit et le tartare d'algues sont déjà salés.

POKE BOWL DE PRINTEMPS

POUR 4 PERSONNES • PRÉPARATION : 20 MIN • MARINADE : 30 MIN
CUISSON : 15 MIN • RAISONNABLE

INGRÉDIENTS

280 g de riz
400 g de cabillaud
4 cuil. à soupe d'huile d'olive
2 cuil. à soupe d'épices à saté
2 avocats
200 g de mangue
4 branches de coriandre

Pour la vinaigrette
4 cuil. à soupe d'huile d'olive
2 cuil. à soupe de vinaigre de vin blanc
Sel, poivre

Faites cuire le riz comme indiqué sur le paquet. Égouttez-le et laissez-le refroidir.

Rincez le cabillaud sous l'eau froide et séchez-le avec du papier absorbant. Coupez-le en 4 pavés.

Dans une assiette creuse, versez l'huile d'olive et les épices à saté. Mélangez, puis ajoutez le poisson et enrobez-le bien d'épices. Filmez et réservez au frais pendant au moins 30 min.

Coupez les avocats en deux. Retirez le noyau et détaillez la chair en petits dés ou en fines lamelles.

Épluchez la mangue et détaillez-la en morceaux.

Préparez la vinaigrette en mélangeant l'huile d'olive, le vinaigre de vin blanc, le sel et le poivre. Émulsionnez bien.

Faites chauffer une poêle, ajoutez les filets de poisson et laissez-les cuire à couvert 3 min de chaque côté.

Déposez le riz dans les bowls, ajoutez les filets de poisson, l'avocat et la mangue. Ajoutez la vinaigrette, mélangez, parsemez de coriandre lavée et ciselée et servez aussitôt.

BURRATA, PURÉE D'AVOCAT AU LAIT DE COCO, PETITS POIS ET ROQUETTE

POUR 4 PERSONNES • PRÉPARATION : 20 MIN • RAISONNABLE

INGRÉDIENTS

4 poignées de roquette
2 avocats
40 cl de lait de coco
1 burrata de 250 g
4 cuil. à soupe de noisettes torréfiées
4 cuil. à soupe d'amandes torréfiées
8 cuil. à soupe de petits pois frais et crus
4 cuil. à soupe de thym frais
4 cuil. à soupe d'huile d'olive
Sel, poivre

Lavez et séchez la roquette.

Épluchez les avocats et retirez les noyaux. Mixez la chair des avocats avec le lait de coco.

Coupez la burrata en quatre. Concassez grossièrement les noisettes et les amandes torréfiées.

Répartissez la purée d'avocat au fond de 4 assiettes creuses, posez ¼ de burrata dans chaque assiette. Ajoutez la roquette, les petits pois, les noisettes, les amandes et le thym effeuillé. Salez et poivrez. Arrosez d'huile d'olive. Servez aussitôt.

FENOUIL ET PÂTES AUX DEUX SAUMONS

POUR 4 PERSONNES • PRÉPARATION : 25 MIN
CUISSON : 10 À 12 MIN • RAISONNABLE

INGRÉDIENTS

240 g de pâtes complètes
200 g de saumon cru
80 g de saumon fumé
1 petit fenouil
2 cuil. à soupe de graines de sésame
Quelques branches d'aneth

Pour la vinaigrette
4 cuil. à soupe de sauce de soja
3 cuil. à soupe d'huile de sésame
2 cuil. à soupe de vinaigre japonais
Sel, poivre

Faites cuire les pâtes *al dente* comme indiqué sur le paquet. Égouttez-les.

Rincez le saumon cru sous l'eau froide. Séchez-le avec du papier absorbant. Détaillez-le en dés.

Détaillez le saumon fumé en lanières de 1 cm environ.

Retirez la première couche épaisse et filandreuse du fenouil. Détaillez-le en fines lamelles à l'aide d'une mandoline.

Mélangez tous les ingrédients de la vinaigrette.

Mélangez les pâtes, les saumons et le fenouil. Arrosez de vinaigrette. Parsemez de graines de sésame et de pluches d'aneth. Servez sans attendre.

HADDOCK, AVOCAT, MESCLUN ET RADIS ROSES

POUR 4 PERSONNES • PRÉPARATION : 20 MIN • CUISSON : 15 MIN • BON MARCHÉ

INGRÉDIENTS

400 g de haddock
50 cl de lait
120 g de mesclun
2 avocats
1 petite botte de radis roses
40 g de noisettes

Pour la vinaigrette
Le jus de 1 citron vert
4 cuil. à soupe d'huile d'olive
4 branches de persil
Sel, poivre

Faites pocher le haddock pendant 15 min dans le lait mélangé à 50 cl d'eau. Égouttez-le, retirez la peau et détaillez-le en tronçons de 1 à 2 cm.

Lavez et séchez le mesclun. Épluchez les avocats, retirez le noyau et détaillez la chair en lamelles ou en dés.

Lavez les radis, retirez la radicelle et les fanes. Détaillez les radis en fines lamelles. Faites torréfier les noisettes pendant quelques minutes à sec dans une grande poêle, puis concassez-les grossièrement. Lavez, séchez et ciselez finement le persil.

Préparez la vinaigrette en mélangeant le jus de citron, l'huile d'olive, le persil ciselé, le sel et le poivre. Émulsionnez bien.

Mélangez tous les ingrédients dans un saladier, arrosez de vinaigrette et servez aussitôt.

SALADE CAESAR

POUR 4 PERSONNES • PRÉPARATION : 25 MIN • CUISSON : 12 MIN • BON MARCHÉ

INGRÉDIENTS

1 ficelle
320 g de blancs de poulet
15 g de beurre
1 cuil. à café de sucre semoule
2 cuil. à soupe d'huile d'olive
1 grosse romaine

Pour la sauce blanche
1 gousse d'ail
1 jaune d'œuf
1 cuil. à café de moutarde
8 cl d'huile d'olive
2,5 cl de vinaigre blanc
60 g de copeaux de parmesan
1 cuil. à café de sauce Worcestershire
Quelques branches de persil
Sel, poivre

Coupez la ficelle en tranches de 0,5 cm d'épaisseur. Taillez les blancs de poulet en lanières.

Faites fondre le beurre dans une poêle, ajoutez les lanières de poulet et faites-les dorer à feu vif durant 4 min. Baissez le feu et poursuivez la cuisson 4 min supplémentaires. Saupoudrez le poulet de sucre et laissez caraméliser pendant 1 min.

Retirez le poulet de la poêle, ajoutez 2 cuil. à soupe d'huile d'olive et faites dorer les tranches de ficelle durant 3 à 4 min.

Coupez la salade à 4 cm du trognon. Lavez-la sous l'eau froide et essorez-la. Détaillez chaque feuille en tronçons de 3 ou 4 cm.

Réalisez la sauce blanche : épluchez l'ail et pressez-le à l'aide d'un presse-ail. Dans un bol, placez le jaune d'œuf, la moutarde, le sel et le poivre. Mélangez bien jusqu'à l'obtention d'une préparation homogène. Montez la mayonnaise en ajoutant peu à peu l'huile d'olive. Lorsque la mayonnaise est ferme, ajoutez le vinaigre blanc et l'ail. La sauce va devenir blanche et liquide.

Écrasez grossièrement la moitié des copeaux de parmesan et ajoutez-les à la sauce blanche ainsi que la sauce Worcestershire.

Mélangez tous les ingrédients de la salade, parsemez du restant de copeaux de parmesan. Servez aussitôt.

RIZ NOIR, CREVETTES GARAM MASALA, ANANAS ET MANGUE

POUR 4 PERSONNES • PRÉPARATION : 25 MIN • MARINADE : 30 MIN
CUISSON : 45 MIN • RAISONNABLE

INGRÉDIENTS

1 cuil. à soupe de garam masala
5 cuil. à soupe d'huile olive
240 g de crevettes décortiquées
240 g de riz noir
160 g d'ananas
160 g de mangue
4 poignées de mesclun
2 cuil. à soupe de jus de citron vert

Dans un plat creux, mélangez le *garam masala* et 3 cuil. à soupe d'huile d'olive. Ajoutez les crevettes, mélangez bien, filmez et réservez au frais pendant au moins 30 min.

Faites cuire le riz pendant 45 min. Égouttez-le.

Épluchez l'ananas et la mangue. Lavez et séchez le mesclun. Détaillez l'ananas en dés et la mangue en lanières.

Faites cuire les crevettes à la poêle avec un peu d'huile de la marinade pendant 3 ou 4 min selon leur grosseur.

Mélangez l'huile d'olive restante et le jus de citron vert. Mélangez tous les ingrédients et servez aussitôt avec la vinaigrette.

KEFTAS, GALETTES MSEMEN ET SAUCE AU YAOURT

POUR 4 PERSONNES • PRÉPARATION : 40 MIN • RÉFRIGÉRATION : 1 H
CUISSON : 12 MIN • RAISONNABLE

INGRÉDIENTS

120 g de mesclun
4 oignons blancs nouveaux (avec leur tige)
600 g de viande d'agneau haché
1 œuf
1 cuil. à soupe de cumin moulu
1 cuil. à soupe rase d'anis en grain
1 cuil. à soupe rase de coriandre moulue
4 cuil. à soupe de tomates concassées
4 cuil. à soupe de chapelure
4 cuil. à soupe d'huile d'olive
4 galettes msemen

Pour la sauce
½ oignon rouge
½ grenade
200 g de fromage blanc ou de yaourt brassé
½ cuil. à café de coriandre moulue
4 branches de coriandre ciselée
½ cuil. à café de piment Espelette
Sel, poivre

Lavez et séchez le mesclun. Épluchez et ciselez finement les oignons nouveaux en gardant 2 ou 3 cm de vert.

Dans un grand saladier, mélangez la viande, l'œuf, les épices, les oignons ciselés, les tomates et la chapelure. Salez et poivrez.

Réalisez les keftas (boulettes) en les roulant entre les paumes de vos mains. Déposez-les au fur à mesure sur un plateau recouvert de papier sulfurisé. Réservez-les au réfrigérateur pendant 1 h.

Préparez la sauce : épluchez le demi-oignon rouge et ciselez-le finement. Égrainez la grenade. Mélangez tous les ingrédients. Salez et poivrez.

Dans une poêle, faites chauffer l'huile d'olive. Faites dorer les keftas de tous les côtés pendant 5 min. Couvrez et poursuivez la cuisson 6 ou 7 min en retournant les boulettes régulièrement.

Sur chaque galette msemen, déposez du mesclun, 4 ou 5 keftas et ajoutez un peu de sauce au yaourt. Dégustez aussitôt.

MESCLUN
ET BOULETTES DE VEAU, MENTHE ET CITRON

POUR 4 PERSONNES • PRÉPARATION : 40 MIN • CUISSON : 12 MIN
RÉFRIGÉRATION : 1 H • RAISONNABLE

INGRÉDIENTS

½ oignon rouge
1 gousse d'ail
½ citron confit
20 feuilles de menthe
1 œuf
4 cuil. à soupe de chapelure
400 g de viande de veau haché
20 g de beurre
12 tomates cerise
80 g de mesclun

Pour la vinaigrette
4 cuil. à soupe d'huile d'olive
2 cuil. à soupe de vinaigre balsamique blanc
Sel, poivre

Épluchez l'oignon et la gousse d'ail, puis hachez-les finement avec le citron confit et les feuilles de menthe (gardez-en quelques-unes entières pour le dressage). Ajoutez l'œuf entier et la chapelure, mélangez bien. Ajoutez la viande de veau hachée, salez et poivrez. Mélangez bien.

Réalisez 16 boulettes de 30 g environ en les roulant entre les paumes de vos mains : placez-les au réfrigérateur pendant 1 h.

Dans une grande poêle, faites fondre le beurre. Faites dorer les boulettes de tous les côtés pendant 5 min. Couvrez et poursuivez la cuisson 6 à 7 min supplémentaires en retournant régulièrement les boulettes.

Lavez et séchez le mesclun. Lavez, séchez et coupez les tomates cerise en deux.

Préparez la vinaigrette en mélangeant l'huile d'olive et le vinaigre balsamique, le sel et le poivre. Émulsionnez bien.

Mélangez le mesclun et les tomates cerise. Arrosez de vinaigrette et servez rapidement avec les boulettes de veau.

TRUITE ET ORECCHIETTE AUX LÉGUMES FRAIS

POUR 4 PERSONNES • PRÉPARATION : 15 MIN • CUISSON : 9 MIN • RAISONNABLE

INGRÉDIENTS

240 g d'orecchiette
200 g de pavés de truite
1 l de fumet de poisson
½ fenouil
½ concombre
12 tomates cerise
4 branches de coriandre
4 cuil. à soupe de graines de courge et de tournesol

Pour la sauce
4 cuil. à soupe de purée de noix de cajou
Le jus de 1 citron
Sel, poivre

Faites cuire les pâtes *al dente* comme indiqué sur le paquet.

Faites pocher la truite pendant 5 min dans le fumet de poisson.

Lavez et séchez le fenouil, le concombre et les tomates cerise. Coupez les tomates cerise en quatre. À l'aide d'une mandoline, détaillez le fenouil et le concombre en fines lamelles.

Faites torréfier les graines de courge et de tournesol pendant quelques minutes à sec dans une poêle très chaude.

Mélangez tous les ingrédients dans un saladier et parsemez de coriandre lavée, séchée et ciselée.

Préparez la sauce en mélangeant la purée de noix de cajou et le jus de citron avec 7 cl d'eau, le sel et le poivre. À l'aide d'un mixeur plongeant, émulsionnez le mélange.

Servez la salade froide avec la sauce à part.

POIS CHICHES CROUSTILLANTS, FÈVES ET LABNEH

POUR 4 PERSONNES • PRÉPARATION : 20 MIN • CUISSON : 30 MIN • BON MARCHÉ

INGRÉDIENTS

125 g de pois chiches déjà cuits
1 cuil. à soupe d'huile d'olive + 1 filet pour le dressage
3 cuil. à soupe d'épices de type ras-el-hanout
600 g de fèves
16 tomates cerise
4 petites branches de menthe
8 dattes type medjool
100 g de labneh
1 cuil. à soupe de cumin en grains
4 pains pitas libanais
Sel, poivre

Préchauffez le four à 200 °C (th. 6-7).

Égouttez les pois chiches. Mélangez-les avec l'huile d'olive et 2 cuil. à soupe de *ras-el-hanout* (ou autres épices de votre choix). Salez et poivrez.

Déposez les pois chiches sur une plaque de cuisson recouverte de papier sulfurisé et enfournez pour 30 min.

Faites cuire les fèves pendant 6 min dans de l'eau frémissante. Égouttez-les, passez-les sous l'eau froide pour stopper la cuisson. Pelez-les.

Lavez et séchez les tomates cerise et la menthe. Coupez les tomates en quatre et ciselez finement la menthe.

Coupez les dattes en deux, retirez les noyaux.

Mélangez le labneh avec le *ras-el hanout* (ou une autre épice de votre choix) restant et le cumin en grains.

Mélangez tous les ingrédients dans un saladier. Arrosez d'huile d'olive et ajoutez 1 grosse quenelle de labneh aux épices par personne. Servez avec les pains pitas.

ÉTÉ

PÊCHES, HALLOUMI ET AMANDES

POUR 4 PERSONNES • PRÉPARATION : 15 MIN • CUISSON : 5 MIN • RAISONNABLE

INGRÉDIENTS

2 pêches
100 g de mesclun
250 g d'halloumi
4 branches de coriandre
40 g d'amandes torréfiées
40 g de noisettes torréfiées
12 tranches de coppa
4 cuil. à soupe de salade « granola » (mélange de graines de courges, graines de tournesol et cranberries, en magasin bio ou maison)

Pour la vinaigrette
6 cuil. à soupe d'huile de colza
3 cuil. à soupe de vinaigre balsamique blanc
Sel, poivre

Épluchez les pêches, ôtez les noyaux. Coupez-les en six. Rincez le mesclun et séchez-le bien.

Coupez l'halloumi en tranches, puis recoupez chaque tranche en deux.

Dans une poêle très chaude, faites griller l'halloumi pendant 4 à 5 min en le retournant à mi-cuisson.

Concassez grossièrement les amandes et les noisettes torréfiées. Lavez et effeuillez la coriandre, réservez-la.

Préparez la vinaigrette en mélangeant l'huile de colza et le vinaigre balsamique blanc, le sel et le poivre. Émulsionnez bien.

Mélangez les morceaux de pêche, l'halloumi, les amandes, les noisettes et la coppa. Arrosez de vinaigrette. Parsemez de salade « granola » et de coriandre. Rectifiez l'assaisonnement si nécessaire.

PÂTES COMPLÈTES AU MELON ET À LA FETA

POUR 4 PERSONNES • PRÉPARATION : 20 MIN
CUISSON : 10 À 12 MIN • BON MARCHÉ

INGRÉDIENTS

280 g de pâtes complètes ou semi-complètes
1 petit concombre
1 melon
200 g de feta
10 feuilles de menthe
10 feuilles de basilic
½ ciabatta
2 cuil. à soupe d'huile d'olive
1 petite gousse d'ail

Pour la vinaigrette
6 cuil. à soupe d'huile d'olive
3 cuil. à soupe de vinaigre balsamique blanc
Sel, poivre

Faites cuire les pâtes *al dente* comme indiqué sur le paquet (10 à 12 min environ).

Lavez le concombre. À l'aide d'une mandoline, détaillez-le en tagliatelles. Déposez-les dans une passoire avec un peu de sel pour les faire dégorger.

Épluchez le melon, retirez les pépins et détaillez-le en petites billes à l'aide d'une cuillère parisienne.

Coupez la feta en petits dés. Lavez les feuilles de menthe et de basilic, séchez-les et ciselez-les.

Préparez la vinaigrette en mélangeant l'huile d'olive, le vinaigre balsamique blanc, le sel et le poivre. Émulsionnez bien.

Égouttez les pâtes et laissez-les refroidir.

Coupez la ciabatta en fines tranches. À l'aide d'un pinceau, badigeonnez les tranches avec un peu d'huile d'olive. Faites-les dorer pendant quelques minutes dans une grande poêle ou sous le gril du four, puis frottez-les à l'ail.

Mélangez tous les ingrédients dans un saladier. Arrosez de vinaigrette. Servez avec les tranches de ciabatta.

POULET, ABRICOTS ET COUSCOUS D'ÉPEAUTRE

POUR 4 PERSONNES • PRÉPARATION : 25 MIN • MARINADE : 1 H • CUISSON : 10 À 15 MIN • RAISONNABLE

INGRÉDIENTS

280 g de blancs de poulet
160 g de couscous d'épeautre
8 tomates cerise
6 petits abricots
10 g de beurre
2 cuil. à soupe de miel
1 branche de romarin

Pour la marinade
1 gousse d'ail
Le jus de 1 petit citron
2 cuil. à soupe de sauce de soja
2 cuil. à soupe d'huile d'olive
½ cuil. à café de ras-el-hanout
Sel, poivre

Pour la vinaigrette
6 cuil. à soupe d'huile d'olive
3 cuil. à soupe de vinaigre de vin rouge
Sel, poivre

Préparez la marinade : épluchez la gousse d'ail et écrasez-la à l'aide d'un presse-ail. Dans un plat creux, mélangez le jus de citron, la sauce de soja, l'huile d'olive, le *ras-el-hanout*, l'ail, le sel et le poivre.

Détaillez le poulet en lanières. Mettez-le dans la marinade, mélangez. Filmez et laissez reposer au frais pendant 1 h.

Faites gonfler l'épeautre comme indiqué sur le paquet.

Préparez la vinaigrette en mélangeant l'huile d'olive et le vinaigre de vin rouge. Salez et poivrez. Émulsionnez bien.

Lavez les tomates cerise et coupez-les en deux.

Lavez les abricots, séchez-les et coupez-les en deux ou en quatre. Dans une grande poêle, faites fondre le beurre, ajoutez le miel et le romarin effeuillé. Faites rôtir les abricots 3 à 4 min en les retournant à mi-cuisson. Réservez.

Dans la même poêle, faites dorer les lanières de poulet égouttées durant 10 min. Laissez-les tiédir.

Mélangez tous les ingrédients dans un saladier. Arrosez de vinaigrette. Servez aussitôt.

TABOULÉ DE CHOU-FLEUR ET DE BROCOLI

POUR 4 PERSONNES • PRÉPARATION : 15 MIN • REPOS : 1 H • BON MARCHÉ

INGRÉDIENTS

200 g de chou-fleur
200 g de brocoli
40 g d'amandes
40 g de noisettes
200 g de feta
4 branches de menthe
4 branches de coriandre
40 g de cranberries
2 citrons verts
4 cuil. à soupe d'huile d'olive

À l'aide d'un couteau, hachez le chou-fleur et le brocoli jusqu'à l'obtention d'une semoule fine.

Faites torréfier les amandes et les noisettes pendant 5 min à sec dans une poêle très chaude en surveillant bien.

Émiettez la feta. Lavez, séchez et effeuillez la menthe et la coriandre.

Râpez finement le zeste de 1 citron vert et pressez les 2 citrons pour en récupérer le jus. Mélangez-le avec l'huile d'olive.

Mélangez tous les ingrédients dans un saladier. Laissez reposer au frais pendant 1 h avant de servir.

QUINOA, FRAISES ET PASTÈQUE

POUR 4 PERSONNES • PRÉPARATION : 20 MIN • CUISSON : 15 MIN • BON MARCHÉ

INGRÉDIENTS

100 g de quinoa
1 échalote
280 g de feta
12 noisettes (fraîches de préférence)
400 g de pastèque
12 fraises
5 branches de menthe
5 branches de persil

Pour la vinaigrette
Le jus de 1 citron
6 cuil. à soupe d'huile d'olive
Fleur de sel, poivre du moulin

Rincez plusieurs fois le quinoa sous l'eau froide (afin d'éviter l'amertume). Faites-le cuire pendant 15 min. Égouttez-le et rincez-le de nouveau sous l'eau fraîche pour le refroidir.

Épluchez l'échalote et ciselez-la finement. Détaillez la feta en petits dés. Concassez grossièrement les noisettes.

Retirez la peau de la pastèque. Coupez-la en tranches, puis en dés. Retirez le pédoncule des fraises, coupez-les en deux ou en quatre selon leur grosseur.

Lavez la menthe et le persil. Effeuillez-les et ciselez finement les feuilles.

Préparez la vinaigrette en mélangeant le jus de citron, l'huile d'olive, le sel et le poivre. Émulsionnez bien.

Mélangez tous les ingrédients et arrosez de vinaigrette. Servez aussitôt.

MOZZARELLA, TOMATES ET PÊCHES

POUR 4 PERSONNES • PRÉPARATION : 20 MIN • CUISSON : 4 À 5 MIN • RAISONNABLE

INGRÉDIENTS

80 g de focaccia
2 ou 3 pincées de safran en poudre
6 tomates multicolores
2 pêches de vigne pas trop mûres
2 boules de mozzarella di buffala
10 feuilles de basilic
7 cuil. à soupe d'huile d'olive
Fleur de sel, poivre du moulin

Détaillez la focaccia en croûtons et faites-les dorer pendant 4 à 5 min dans une grande poêle avec 1 cuil. à soupe d'huile d'olive. Réservez au chaud.

Mélangez le reste de l'huile d'olive et le safran.

Lavez les tomates et les pêches et détaillez-les en tranches fines. Égouttez la mozzarella, coupez-la en tranches assez fines. Lavez et séchez les feuilles de basilic.

Mélangez tous les ingrédients, arrosez d'huile d'olive au safran, salez et poivrez. Servez aussitôt avec les croûtons tièdes.

RHUBARBE, QUINOA ET FROMAGE DE BREBIS

POUR 4 PERSONNES • PRÉPARATION : 35 MIN
CUISSON : 40 MIN • BON MARCHÉ

INGRÉDIENTS

250 g de tiges de rhubarbe
2 cuil. à soupe de miel liquide
80 g de quinoa
½ fenouil
40 g d'amandes torréfiées
3 branches de menthe
3 branches de persil
100 g de fromage de brebis frais
2 cuil. à soupe d'huile d'olive
40 g de cranberries

Pour la vinaigrette
6 cuil. à soupe d'huile d'olive
3 cuil. à soupe de vinaigre de miel
Fleur de sel, poivre du moulin

Préchauffez le four à 180 °C (th. 6). Rincez les tiges de rhubarbe et retirez les extrémités.

Détaillez chaque bâton en tronçons de 1 cm. Enrobez-les de miel, puis déposez-les sur une plaque de cuisson recouverte de papier sulfurisé. Enfournez pour 25 min.

Rincez plusieurs fois le quinoa sous l'eau froide (afin d'éviter l'amertume). Faites-le cuire pendant 15 min. Égouttez-le et rincez-le sous l'eau fraîche pour le refroidir.

Lavez le fenouil et détaillez-le en lamelles très fines à l'aide d'une mandoline. Concassez grossièrement les amandes. Lavez, séchez et effeuillez la menthe et le persil.

Mélangez les herbes avec le fromage de brebis et 2 cuil. à soupe d'huile d'olive. Salez et poivrez.

Préparez la vinaigrette en mélangeant l'huile d'olive et le vinaigre de miel, le sel et le poivre. Émulsionnez bien.

Mélangez le quinoa, la rhubarbe cuite au four, le fenouil, les amandes et les cranberries. Arrosez de vinaigrette. Servez avec le fromage de brebis aux herbes.

TOMATES, ÉPEAUTRE ET CHORIZO

POUR 4 PERSONNES • PRÉPARATION : 40 MIN • CUISSON : 12 MIN • RAISONNABLE

INGRÉDIENTS

1 gousse d'ail
2 cuil. à soupe d'huile d'olive
150 g de tomates concassées en boîte
2 branches de thym
80 g de boulghour de petit épeautre
1 petit chorizo fort
40 g de pignons de pin
½ ficelle
2 tomates vertes
2 tomates jaunes
2 tomates orange
2 tomates rouges

Pour la vinaigrette
5 cuil. à soupe d'huile d'olive
2 cuil. à soupe de vinaigre de xeres
Sel, poivre

Épluchez l'ail et émincez-le finement. Dans une casserole, faites chauffer 2 cuil. à soupe d'huile d'olive. Ajoutez l'ail, laissez-le revenir pendant 2 min, puis ajoutez les tomates concassées, le thym effeuillé, le sel et le poivre. Laissez cuire à feu doux pendant 10 min.

Pendant ce temps, faites cuire le boulghour de petit épeautre comme indiqué sur le paquet.

Retirez la peau du chorizo et détaillez-le en rondelles. À l'aide d'un petit mixeur, mixez la concassée de tomates avec les rondelles de chorizo jusqu'à l'obtention d'une tartinade.

Préchauffez le four en position gril. Dans une poêle très chaude, faites torréfier les pignons de pin pendant quelques minutes à sec jusqu'à ce qu'ils soient bien dorés.

Détaillez la ficelle en tranches de 1 cm d'épaisseur et faites-les dorer quelques minutes sous le gril du four.

Préparez la vinaigrette en mélangeant l'huile d'olive et le vinaigre de xeres, le sel et le poivre. Émulsionnez bien.

Lavez les tomates et coupez-les en quatre ou en six selon leur grosseur. Mélangez les tomates, le boulghour et les pignons de pin. Servez avec des petits toasts tartinés de chorizo.

SALADE VEGGIE
ÉPEAUTRE, ABRICOTS ET HARICOTS VERTS

POUR 4 PERSONNES • PRÉPARATION : 40 MIN • CUISSON : 55 MIN • RAISONNABLE

INGRÉDIENTS

80 g de petit épeautre
80 g de haricots verts extra-fins
4 abricots
¼ d'oignon rouge
1 cuil. à soupe de purée de noix de cajou
1 avocat
1 cuil. à soupe de jus de citron
4 branches de menthe
100 g de mesclun (mouron des oiseaux, roquette…)
½ baguette complète

Pour la vinaigrette
6 cuil. à soupe d'huile de noisette
3 cuil. à soupe de vinaigre de miel
Fleur de sel, poivre du moulin

Préchauffez le four en position gril. Coupez la baguette en tranches et faites-les dorer quelques minutes.

Préparez la vinaigrette en mélangeant l'huile de noisette, le vinaigre de miel, le sel et le poivre. Émulsionnez bien.

Faites cuire le petit épeautre comme indiqué sur le paquet.

Épluchez les haricots verts et faites-les cuire 8 à 9 min (ils doivent rester croquants). Plongez-les dans l'eau froide pour stopper la cuisson.

Lavez et essuyez les abricots. Coupez-les en deux.

Épluchez l'oignon et détaillez-le en fines lamelles.

Épluchez l'avocat et mixez-le avec la purée de noix de cajou et le jus de citron.

Lavez et séchez les feuilles de menthe et ciselez-les. Lavez et séchez le mesclun.

Mélangez le petit épeautre, l'oignon rouge, les abricots, le mesclun, les haricots et les feuilles de menthe. Arrosez de vinaigrette et servez avec des toasts de tartinade à l'avocat.

MESCLUN, BACON ET FRUITS ROUGES

POUR 4 PERSONNES • PRÉPARATION : 20 MIN • CUISSON : 10 MIN • BON MARCHÉ

INGRÉDIENTS

200 g de bacon
100 g de mouron des oiseaux
40 g d'amandes
40 g de noix de pécan
40 g de noisettes
40 g de framboises
40 g de groseilles
40 g de raisins secs
40 g de chèvre sec

Pour la vinaigrette
6 cuil. à soupe d'huile de noisette
3 cuil. à soupe de vinaigre de framboise
Sel, poivre

Dans une grande poêle, faites dorer le bacon. Lavez et séchez le mouron des oiseaux. Faites torréfier les fruits secs (amandes, noix de pécan, noisettes) pendant quelques minutes à sec dans une poêle très chaude.

Préparez la vinaigrette en mélangeant l'huile de noisette, le vinaigre de framboise, le sel et le poivre. Émulsionnez bien.

Mélangez tous les ingrédients. Parsemez de chèvre sec râpé. Arrosez de vinaigrette. Servez aussitôt.

MOGETTES
DE VENDÉE AUX COQUES ET CHORIZO

POUR 4 PERSONNES • PRÉPARATION : 30 MIN • CUISSON : 15 MIN • RAISONNABLE

INGRÉDIENTS

1 échalote
10 g de beurre
5 cl de vin blanc
200 g de coques décoquillées (soit 900 g environ avec la coquille)
100 g de chorizo
4 branches de cerfeuil
550 g de mogettes de Vendée déjà cuites

Épluchez l'échalote et ciselez-la finement. Faites chauffer le beurre dans la casserole et ajoutez l'échalote ciselée, laissez cuire pendant 5 min à feu vif. Déglacez au vin blanc.

Ajoutez les coques, couvrez et laissez cuire pendant 10 min jusqu'à ce qu'elles soient toutes ouvertes.

Détaillez le chorizo en rondelles ou en petits dés. Lavez et ciselez le cerfeuil.

Égouttez les coques, gardez le jus et faites-le réduire de moitié à feu vif pendant 5 min. Laissez un peu refroidir. Mélangez tous les ingrédients. Servez tiède.

ASTUCE

Vous pouvez décoquiller les fruits de mer avant de les mélanger avec les mogettes.

TAGLIATELLES DE MELON, CHIFFONNADE DE JAMBON, FIGUES ET PESTO

POUR 4 PERSONNES • PRÉPARATION : 20 MIN • CUISSON : 3 À 4 MIN • RAISONNABLE

INGRÉDIENTS

½ melon charentais
½ melon vert
6 figues
100 g de chiffonnade de jambon
40 g de pignons de pin
40 g de copeaux de parmesan
4 à 6 cuil. à soupe de pesto
10 feuilles de basilic

Épluchez les melons, retirez les graines et, à l'aide d'une mandoline, détaillez les melons en fines tagliatelles.

Dans une poêle très chaude, faites dorer les pignons pendant 3 à 4 min.

Lavez et séchez les figues, puis coupez-les en quatre. Disposez joliment les tagliatelles de melon, la chiffonnade de jambon et les figues dans chaque assiette. Saupoudrez de parmesan et de pignons de pin torréfiés. Arrosez de pesto. Salez et poivrez.

Juste avant de servir, ajoutez quelques feuilles de basilic.

AUBERGINES RÔTIES, FETA ET SAUCE AUX NOIX DE CAJOU

POUR 4 PERSONNES • PRÉPARATION : 20 MIN • CUISSON : 40 MIN • BON MARCHÉ

INGRÉDIENTS

2 aubergines
4 cuil. à soupe d'huile d'olive
6 cuil. à soupe de sirop d'agave
2 pincées de piment fort en poudre
80 g de mesclun
1 petite grenade
200 g de feta

Pour la sauce
1 yaourt brassé nature
Le jus de 1 citron
3 cuil. à soupe de purée de noix de cajou
Sel, poivre

Préchauffez le four à 180 °C (th. 6).

Lavez et séchez les aubergines. Détaillez-les en cubes. Déposez-les dans un saladier. Enrobez-les d'huile d'olive, de sirop d'agave et de piment en poudre.

Déposez les cubes d'aubergine sur une plaque de cuisson recouverte de papier sulfurisé. Enfournez pour 40 min. Mélangez à mi-cuisson.

Lavez et séchez le mesclun. Égrainez la grenade. Détaillez la feta en cubes.

Préparez la sauce en mélangeant le yaourt, le jus de citron et la purée de noix de cajou. Salez et poivrez. Émulsionnez à l'aide d'un mixeur plongeant.

Mélangez tous les ingrédients de la salade. Servez la sauce aux noix de cajou à part.

SALADE NIÇOISE

POUR 4 PERSONNES • PRÉPARATION : 15 MIN • CUISSON : 10 MIN • BON MARCHÉ

INGRÉDIENTS

4 œufs
200 g de févettes
ou de haricots verts
4 tomates
16 anchois à l'huile
16 olives noires dénoyautées
200 g de filets de thon
10 feuilles de basilic

Pour la vinaigrette
4 cuil. à soupe d'huile d'olive
2 cuil. à soupe de vinaigre de vin
Sel, poivre

Faites cuire les œufs pendant 10 min. Passez-les sous l'eau fraîche. Laissez-les refroidir, puis écalez-les et coupez-les en rondelles.

Faites cuire les févettes dans de l'eau salée durant 6 à 7 min. Égouttez-les.

Lavez et séchez les tomates. Retirez le pédoncule à l'aide d'un petit couteau et coupez-les en six.

Préparez la vinaigrette en mélangeant l'huile d'olive, le vinaigre de vin, le sel et le poivre. Émulsionnez bien.

Mélangez tous les ingrédients dans un saladier. Arrosez de vinaigrette et parsemez de feuilles de basilic.

MOULES À L'ESPAGNOLE

POUR 4 PERSONNES • PRÉPARATION : 25 MIN • CUISSON : 13 MIN • BON MARCHÉ

INGRÉDIENTS

1 grosse échalote
25 g de beurre
10 cl de vin blanc sec
2,5 kg de moules (soit 500 g environ décortiquées)
1 petit poivron rouge
1 petit poivron vert
1 petit piment vert
4 petits oignons nouveaux
2 tomates
4 branches de persil
Quelques croûtons maison

Pour la vinaigrette
4 cuil. à soupe d'huile d'olive
2 cuil. à soupe de vinaigre de vin
Sel, poivre

Épluchez l'échalote et ciselez-la finement. Dans un grand faitout, faites fondre le beurre. Ajoutez l'échalote et laissez-la dorer pendant 3 min. Ajoutez le vin blanc et les moules. Couvrez et laissez cuire pendant 10 min en les secouant régulièrement.

Lavez et séchez les poivrons et le piment. Coupez-les en deux, retirez les pédoncules, les graines et les membranes blanches, puis détaillez la chair en petits dés.

Épluchez les oignons et ciselez-les finement avec la partie verte. Lavez et séchez les tomates. Épépinez-les et détaillez-les en petits dés. Lavez et séchez le persil. Ciselez-le finement. Égouttez les moules et décoquillez-les.

Préparez la vinaigrette en mélangeant l'huile d'olive, le vinaigre de vin, le sel et le poivre. Émulsionnez bien.

Mélangez tous les ingrédients dans un grand saladier et arrosez de vinaigrette. Réservez au frais jusqu'au moment de servir. Servez avec des croûtons maison.

POULET ET NOUILLES CROUSTILLANTES

POUR 4 PERSONNES • PRÉPARATION : 25 MIN • CUISSON : 6 MIN • BON MARCHÉ

INGRÉDIENTS

1 petit concombre
4 aiguillettes de poulet
4 cuil. à soupe de graines de sésame blond
160 g de nouilles de blé (au rayon asiatique de votre supermarché)
Huile de friture
8 tiges de coriandre

Pour la sauce
2 cuil à soupe de vinaigre de riz
3 cuil à soupe d'huile de sésame
1,5 cuil à soupe de sauce de poisson
Poivre

Rincez le concombre sous l'eau froide. Essuyez-le, coupez-le en deux dans le sens de la longueur, puis encore en deux. Retirez les graines. Détaillez chaque morceau en petits bâtonnets.

Coupez chaque aiguillette de poulet en 3 ou 4 morceaux et panez-les dans les graines de sésame.

Faites cuire les nouilles dans 80 cl d'eau frémissante pendant 3 min. Passez-les sous l'eau froide pour stopper la cuisson. Égouttez-les bien et versez 1 cuil. à soupe d'huile de friture pour éviter qu'elles ne collent entre elles.

Dans une poêle à bord haut, faites chauffer l'huile de friture et lorsqu'elle atteint 180 °C, plongez-y un tiers des nouilles jusqu'à ce qu'elles soient bien dorées. Mélangez-les pendant la cuisson à l'aide d'une baguette en bois afin qu'elles ne se collent pas entre elles. Égouttez-les sur du papier absorbant et renouvelez l'opération deux fois avec le reste des nouilles. Réservez.

Faites frire les morceaux de poulet pendant 1 min dans l'huile de friture jusqu'à ce qu'ils soient bien dorés. Égouttez-les sur du papier absorbant. Réservez.

Préparez la sauce en mélangeant le vinaigre de riz, l'huile de sésame, la sauce de poisson et le poivre.

Mélangez tous les ingrédients, versez la sauce et parsemez de coriandre ciselée. Servez sans attendre.

SARRASIN, TOMATES CERISE ET GRENADE À LA FETA

POUR 4 PERSONNES • PRÉPARATION : 25 MIN
REPOS : 20 MIN • CUISSON : 7 MIN • BON MARCHÉ

INGRÉDIENTS

160 g de sarrasin
½ cuil. à café de sel
4 branches de menthe
4 branches de persil
½ petit oignon rouge
200 g de feta
16 tomates cerise
½ grenade

Pour la vinaigrette
5 cuil. à soupe d'huile d'olive
2 cuil. à soupe de vinaigre balsamique
Sel, poivre

Portez 24 cl d'eau salée à ébullition. Ajoutez le sarrasin et faites cuire pendant 7 min à couvert. Retirez du feu et laissez gonfler pendant 20 min.

Lavez, séchez et effeuillez la menthe et le persil. Épluchez l'oignon rouge et ciselez-le finement. Émiettez la feta.

Lavez et séchez les tomates cerise. Coupez-les en deux. Égrainez la grenade.

Préparez la vinaigrette en mélangeant l'huile d'olive, le vinaigre balsamique, le sel et le poivre. Émulsionnez bien.

Mélangez tous les ingrédients de la salade. Arrosez de vinaigrette et mélangez bien. Servez rapidement.

RICOTTA RÔTIE, TOMATES CERISE ET PÂTES « AVOINES »

POUR 4 PERSONNES • PRÉPARATION : 15 MIN • CUISSON : 40 MIN • BON MARCHÉ

INGRÉDIENTS

250 g de ricotta
½ cuil. à café de coriandre en poudre
½ cuil. à café de cardamome en poudre
½ cuil. à café de paprika fumé
240 g de pâte type « avoines »
4 poignées de cresson
16 tomates cerise
4 branches de thym
Sel, poivre

Pour la vinaigrette
6 cuil. à soupe d'huile d'olive
3 cuil. à soupe de vinaigre balsamique blanc
Sel, poivre

Préchauffez le four à 180 °C (th. 6).

Égouttez la ricotta. Saupoudrez-la de coriandre, de cardamome et de paprika fumé. Salez et poivrez. Enfournez pour 40 min.

Pendant ce temps, faites cuire les pâtes *al dente* comme indiqué sur le paquet. Égouttez-les et laissez-les refroidir. Lavez et séchez le cresson.

Lavez et séchez les tomates cerise, puis coupez-les en deux.

Préparez la vinaigrette en mélangeant l'huile d'olive, le vinaigre balsamique blanc, le sel et le poivre. Émulsionnez bien.

Divisez la ricotta en quatre. Répartissez les pâtes, le cresson et la ricotta rôtie dans les assiettes. Arrosez de vinaigrette et saupoudrez de thym. Dégustez avec du pain grillé.

CARPACCIO DE BAR AUX ALGUES, FENOUIL ET FRAMBOISES

POUR 4 PERSONNES • PRÉPARATION : 20 MIN • CONGÉLATION : 20 MIN • CHER

INGRÉDIENTS

4 filets de bar sans peau d'environ 100 g chacun
½ fenouil
2 citrons verts
250 g de framboises
8 cuil. à soupe d'huile d'olive
2 cuil. à soupes d'algues en paillettes
15 croûtons
Sel, poivre

Placez les filets de bar au congélateur pendant 20 min pour faciliter la découpe.

À l'aide d'un couteau tranchant, détaillez les filets en carpaccio et déposez-les au fur et à mesure sur des assiettes.

À l'aide d'une mandoline, tranchez le fenouil en très fines lamelles.

Pressez les citrons verts pour en récupérer le jus.

Écrasez 125 g de framboises dans une petite passoire et récupérez le jus.

Mélangez le jus de citron vert et le jus de framboise avec l'huile d'olive.

Répartissez le fenouil, le reste des framboises, les paillettes d'algues et les croûtons sur le poisson. Arrosez avec l'huile d'olive aromatisée, décorez de quelques pluches de fenouil, salez, poivrez et servez rapidement.

COUSCOUS D'ÉPEAUTRE, MERGUEZ ET POIVRON

POUR 4 PERSONNES • PRÉPARATION : 15 MIN • REPOS : 10 MIN
CUISSON : 5 MIN • BON MARCHÉ

INGRÉDIENTS

200 g de couscous d'épeautre
4 cuil. à soupe de raisins secs
8 cuil. à soupe d'huile d'olive
1 cuil. à soupe de ras-el-hanout
½ poivron rouge
½ poivron vert
4 merguez
½ cuil. à café de harissa
4 branches de coriandre
Sel, poivre

Versez le couscous d'épeautre et les raisins secs dans un grand contenant. Ajoutez 40 cl d'eau frémissante et 2 cuil. à soupe d'huile d'olive et le *ras-el-hanout*. Mélangez bien. Couvrez et laissez gonfler pendant 10 min.

Lavez et séchez les demi-poivrons. Coupez-les en deux, retirez le pédoncule, les graines et les membranes blanches. Détaillez la chair en petits dés.

Coupez les merguez en tronçons de 2 cm et faites-les cuire pendant 3 à 4 min sans matière grasse dans une poêle à feu vif.

Mélangez le reste de l'huile d'olive avec le *ras-el-hanout*, la harissa, salez et poivrez. Placez tous les ingrédients dans un saladier, arrosez d'huile à la harissa et parsemez de coriandre lavée et ciselée.

SALADE DE BŒUF À LA CITRONNELLE

POUR 4 PERSONNES • PRÉPARATION : 20 MIN • CUISSON : 3 MIN • RAISONNABLE

INGRÉDIENTS

120 g de pâte de tamarin
400 g de filet de bœuf
ou de rumsteck
3 tiges de citronnelle
1 échalote
1 à 2 piments rouges
½ botte de menthe
½ botte de coriandre

Pour la sauce
8 cuil. à soupe de jus de tamarin
1 cuil. à soupe de sucre en poudre
4 cuil. à soupe de nuoc-mâm

Faites tremper la pâte de tamarin dans 25 cl d'eau froide. Remuez de temps en temps. Filtrez et réservez.

Détaillez la viande en cubes de 3 à 4 cm de coté. Faites cuire rapidement les morceaux de viande dans une poêle à sec.

Retirez la première feuille des tiges de citronnelle. Épluchez l'échalote. Émincez très finement la citronnelle et l'échalote.

Épépinez et ciselez très finement les piments. Lavez, séchez et effeuillez la menthe et la coriandre.

Réalisez la sauce en mélangeant le jus de tamarin filtré, le sucre et le nuoc-mâm.

Mélangez le bœuf, la citronnelle, l'échalote, le piment, la menthe et la coriandre.

Arrosez de sauce au fur et à mesure selon votre goût et votre résistance au piment.

SALADE MEXICAINE

POUR 4 PERSONNES • PRÉPARATION : 15 MIN • CUISSON : 15 MIN • RAISONNABLE

INGRÉDIENTS

180 g de poivrons mélangés (rouge, jaune, vert)
2 cuil. à soupe d'huile d'olive
240 g de poulet rôti
4 piments verts en saumure
4 branches de coriandre
150 g de maïs
250 g de haricots rouges déjà cuits
4 crêpes de maïs
8 cuil. à soupe de guacamole

Pour la vinaigrette
5 cuil. à soupe d'huile d'olive
2 cuil. à soupe de vinaigre de xeres
Sel, poivre

Lavez et séchez les poivrons. Coupez-les en deux, retirez le pédoncule, les graines et les membranes blanches. Détaillez la chair en fines lanières.

Dans une grande poêle, faites chauffer 2 cuil. à soupe d'huile d'olive. Ajoutez les lanières de poivron et laissez-les cuire pendant 15 min en mélangeant régulièrement.

Effilochez le poulet rôti.

Coupez les piments verts en rondelles.

Lavez, séchez et effeuillez la coriandre.

Préparez la vinaigrette en mélangeant l'huile d'olive, le vinaigre de xeres, le sel et le poivre. Émulsionnez bien.

Mélangez tous les ingrédients dans un saladier. Arrosez de vinaigrette et mélangez bien.

Dans une grande poêle, faites réchauffer les crêpes de maïs. Détaillez-les en triangles et ajoutez un peu de guacamole. Servez aussitôt avec la salade.

UDON, TATAKI DE CANARD, CONCOMBRE

POUR 4 PERSONNES • PRÉPARATION : 25 MIN • CUISSON : 8 MIN
REPOS : 5 MIN • RAISONNABLE

INGRÉDIENTS

400 g de ramen
320 g de filet de canard
240 g de concombre
1 poignée de roquette
Graines de sésame blanc et de sésame noir

Pour la vinaigrette
6 cuil à soupe d'huile de sésame
3 cuil. à soupe de vinaigre de riz
Sel, poivre

Faites cuire les ramen comme indiqué sur le paquet. Refroidissez-les sous l'eau fraîche.

À l'aide d'un couteau tranchant, réalisez des croisillons sur le gras du canard.

Dans une poêle très chaude, faites cuire le canard côté gras pendant 5 min.

Retirez de la poêle l'excédent de gras, retournez le magret et faites-le cuire 2 à 3 min de l'autre côté (ou plus selon le degré de cuisson souhaité). Enveloppez-le dans du papier d'aluminium et laissez-le reposer 5 min.

Lavez et séchez le concombre. Coupez-le en quatre, retirez les graines. Détaillez la chair en petits bâtonnets.

Préparez la vinaigrette en mélangeant l'huile de sésame, le vinaigre de riz, le sel et le poivre. Émulsionnez bien.

Déposez les ingrédients de la salade dans des bols, arrosez de vinaigrette et parsemez de graines de sésame blanc et de sésame noir. Servez aussitôt.

SALADE DE SAUMON À LA TAHITIENNE

POUR 4 PERSONNES • PRÉPARATION : 15 MIN • REPOS : 10 MIN • RAISONNABLE

INGRÉDIENTS

2 citrons verts
400 g de saumon cru
2 tomates
½ concombre
2 carottes
33 cl de lait de coco
4 branches de persil
2 petits oignons verts

Pressez les citrons verts pour en récupérer le jus. Rincez le saumon sous l'eau froide, séchez-le, puis détaillez-le en gros dés.

Versez par-dessus le jus de citron vert, salez, poivrez et mélangez. Laissez reposer 10 min.

Pendant ce temps, lavez et séchez les tomates et le demi-concombre.

Coupez les tomates en six et épépinez-les. Détaillez le concombre en petits bâtonnets.

Épluchez les carottes et râpez-les. Épluchez les oignons et ciselez-les finement. Égouttez le saumon.

Placez tous les ingrédients dans un saladier, mélangez bien. Parsemez d'oignon vert ciselé et de persil. Servez rapidement.

MESCLUN ET BOULETTES DE DORADE AU PAIN D'ÉPICES

POUR 4 PERSONNES • PRÉPARATION : 35 MIN • CUISSON : 8 À 10 MIN • RAISONNABLE

INGRÉDIENTS

80 g de mesclun
300 g de filets de dorade
½ oignon rouge
4 branches de menthe
2 petites tranches de pain d'épices rassis (environ 30 g)
6 cuil. à soupe de farine
2 cuil. à soupe d'huile d'olive

Pour la vinaigrette
4 cuil. à soupe d'huile d'olive
2 cuil. à soupe de vinaigre balsamique
Sel, poivre

Lavez et séchez le mesclun. Rincez les filets de dorade sous l'eau froide. Séchez-les avec du papier absorbant. Coupez-les en morceaux et mixez-les grossièrement.

Épluchez l'oignon rouge et hachez-le finement. Lavez, séchez et hachez la menthe (réservez quelques feuilles entières pour le dressage). Mixez le pain d'épices rassis.

Dans un grand contenant, mélangez l'oignon, le poisson, la menthe hachée et le pain d'épices. Salez et poivrez. Mélangez bien et formez des boulettes de la taille d'une noix.

Versez la farine dans une assiette et roulez-y les boulettes.

Faites chauffer 2 cuil. à soupe d'huile d'olive dans une poêle et faites cuire les boulettes 8 à 10 min en les retournant régulièrement.

Préparez la vinaigrette en mélangeant l'huile d'olive, le vinaigre balsamique, le sel et le poivre. Émulsionnez bien.

Déposez le mesclun dans les assiettes. Arrosez-le de vinaigrette et ajoutez les boulettes de dorade. Servez aussitôt avec du citron et les feuilles de menthe réservées.

SARDINES PANÉES, FENOUIL ET KASHA

POUR 4 PERSONNES • PRÉPARATION : 35 MIN • CUISSON : 6 À 8 MIN • BON MARCHÉ

INGRÉDIENTS

12 sardines
2 œufs
8 cuil. à soupe de farine
4 cuil. à soupe de kasha
6 cuil. à soupe d'huile d'olive
80 g de mesclun
1 petit fenouil
16 câpres à queue
2 citrons jaunes

Lavez les sardines sous l'eau froide et séchez-les.

Battez les œufs en omelette.

Déposez la farine, les œufs et le kasha dans 3 assiettes. Trempez les sardines successivement dans la farine, les œufs et le kasha.

Faites chauffer 4 cuil. à soupe d'huile d'olive dans une grande poêle.

Ajoutez les sardines et faites-les dorer de 6 à 8 min selon leur grosseur en les retournant régulièrement.

Lavez et séchez le mesclun. Retirez la première couche épaisse et fibreuse du fenouil. Détaillez-le en fines lamelles à l'aide d'une mandoline. Pressez les citrons pour en récupérer le jus.

Mélangez tous les ingrédients dans un saladier. Déposez les sardines sur le dessus. Arrosez de l'huile d'olive restante et de jus de citron. Salez, poivrez et servez aussitôt.

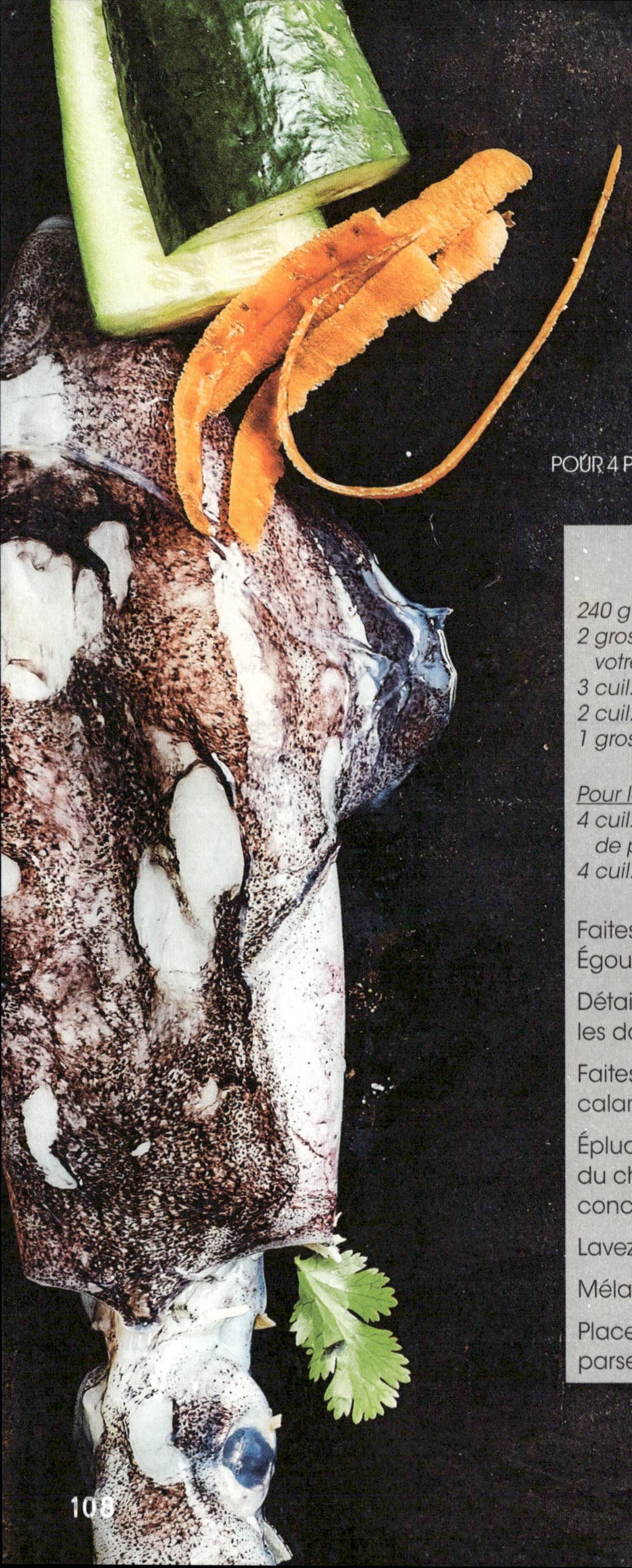

SALADE THAÏE AUX CALAMARS

POUR 4 PERSONNES • PRÉPARATION : 30 MIN • CUISSON : 5 À 6 MIN • RAISONNABLE

INGRÉDIENTS

240 g de vermicelles de riz
2 gros calamars (préparés par votre poissonnier)
3 cuil. à soupe de farine
2 cuil. à soupe d'huile d'olive
1 grosse carotte
160 g de chou chinois
160 g de concombre
4 branches de menthe
4 branches de coriandre
4 cuil. à soupe de noix de coco en copeaux

Pour la sauce
4 cuil. à soupe de sauce de poisson
4 cuil. à soupe de sauce soja
4 cuil. à soupe d'eau
Le jus de 1 citron vert
4 cuil. à soupe de sauce d'huître

Faites cuire les nouilles de riz comme indiqué sur le paquet. Égouttez-les et refroidissez-les sous l'eau fraîche.

Détaillez les calamars en rondelles de 1 cm d'épaisseur. Roulez-les dans la farine.

Faites chauffer l'huile dans une grande poêle et faites cuire les calamars durant 5 à 6 min.

Épluchez la carotte et râpez-la. Retirez les premières feuilles du chou chinois et émincez-le finement. Lavez et séchez le concombre, détaillez-le en bâtonnets.

Lavez, séchez et effeuillez la menthe et la coriandre.

Mélangez tous les ingrédients de la sauce.

Placez tous les ingrédients dans un saladier, versez la sauce et parsemez de menthe, de coriandre et de noix de coco râpée.

AUTOMNE

POMMES DE TERRE, POULPE ET SALICORNES

POUR 4 PERSONNES • PRÉPARATION : 25 MIN
CUISSON : 15 À 20 MIN • RAISONNABLE

INGRÉDIENTS

400 g de petites pommes de terre
12 tomates cerise
100 g de salicornes
300 g de poulpe cuit

Pour la vinaigrette
6 cuil. à soupe d'huile d'olive
3 cuil. à soupe de vinaigre de vin rouge
Fleur de sel, poivre

Lavez les pommes de terre et les tomates cerise.

Faites cuire les pommes de terre pendant 15 à 20 min dans de l'eau bouillante salée. Laissez-les tiédir.

Préparez la vinaigrette en mélangeant l'huile d'olive, le vinaigre de vin rouge, la fleur de sel et le poivre. Émulsionnez bien.

Coupez les tomates cerise en quatre.

Rincez les salicornes sous l'eau froide. Séchez-les bien avec du papier absorbant.

Coupez le poulpe en tronçons de 1 cm d'épaisseur.

Égouttez les pommes de terre, épluchez-les et coupez-les en rondelles.

Placez tous les ingrédients dans un saladier. Arrosez de vinaigrette. Salez et poivrez. Mélangez et servez aussitôt.

SCAMORZA AUX FIGUES ET MAGRET DE CANARD FUMÉ

POUR 4 PERSONNES • PRÉPARATION : 15 MIN • CUISSON : 8 MIN • RAISONNABLE

INGRÉDIENTS

½ ficelle
20 g de pignons de pin
1 petite salade feuille de chêne
8 petites figues
200 g de scamorza
120 g de magrets fumés
4 branches de persil
10 g de beurre

Pour la vinaigrette
6 cuil. à soupe d'huile de noix
3 cuil. à soupe de vinaigre de vin blanc
Sel, poivre

Allumez le four en position gril. Détaillez la demi-ficelle en tranches de ½ cm d'épaisseur. Recouvrez une plaque de cuisson de papier sulfurisé, déposez dessus les pignons de pin et les tranches de ficelle. Enfournez pour 3 à 4 min en surveillant bien et en retournant les tranches de pain à mi-cuisson.

Épluchez, lavez et séchez la salade et le persil. Effeuillez et ciselez le persil.

Préparez la vinaigrette en mélangeant l'huile de noix et le vinaigre de vin blanc, le sel et le poivre. Émulsionnez bien.

Lavez et séchez les figues. Coupez-les en deux. Dans une grande poêle, faites fondre le beurre. Ajoutez les figues et laissez-les dorer pendant 3 ou 4 min.

Détaillez la scamorza en tranches de ½ cm d'épaisseur.

Mélangez tous les ingrédients. Arrosez de vinaigrette et parsemez de persil. Servez sans attendre.

CONFIT DE CANARD, MIRABELLES ET MÂCHE

POUR 4 PERSONNES • PRÉPARATION : 30 MIN • CUISSON : 10 MIN • RAISONNABLE

INGRÉDIENTS

4 petites cuisses de canard confit
300 g de mirabelles
100 g de mâche
40 g de noisettes torréfiées
3 cuil. à soupe de vinaigre balsamique
4 branches de persil plat
Sel, poivre

Préchauffez le four à 200 °C (th. 6-7).

Déposez les cuisses de canard sur une grille en prenant soin de mettre une lèchefrite au-dessous pour récupérer la graisse. Enfournez pour 10 min.

Sortez les cuisses du four. Laissez-les refroidir 10 min, puis effilochez-les.

Récupérez 1 cuil. à soupe de graisse de canard dans la lèchefrite. Faites-la chauffer dans une grande poêle. Ajoutez les mirabelles préalablement lavées et séchées. Faites-les dorer pendant quelques minutes.

Lavez la mâche et nettoyez bien les pieds afin de retirer tout le sable. Séchez-la bien.

Mélangez tous les ingrédients. Arrosez de vinaigre balsamique et de persil préalablement lavé et ciselé. Salez et poivrez. Servez aussitôt.

CHÈVRE, FIGUES ET PRALIN

POUR 4 PERSONNES • PRÉPARATION : 15 MIN • CUISSON : 5 MIN • RAISONNABLE

INGRÉDIENTS

120 g de chèvre en bûche
½ baguette aux céréales
100 g de mesclun
12 figues
10 g de beurre
1 cuil. à soupe de miel
4 branches de menthe
4 cuil. à soupe de pralin

Pour la vinaigrette
6 cuil. à soupe d'huile d'olive
3 cuil. à soupe de vinaigre balsamique
Sel, poivre

Coupez la bûche de chèvre en rondelles de ½ cm d'épaisseur. Coupez la demi-baguette en tranches de 1 cm d'épaisseur.

Déposez une rondelle de chèvre sur chaque tranche de pain.

Rincez et séchez le mesclun. Lavez et séchez les figues. Coupez-les en deux.

Dans une poêle, faites fondre le beurre, ajoutez le miel et les figues. Laissez rôtir les figues pendant 3 à 4 min. Dans le même temps, déposez le pain sous le gril du four durant 5 min.

Préparez la vinaigrette en mélangeant l'huile d'olive, le vinaigre balsamique, le sel et le poivre. Émulsionnez bien.

Effeuillez les feuilles de menthe. Lavez-les, séchez-les et ciselez-les.

Dans un grand récipient, mélangez le mesclun, les figues, la menthe et le pralin.

Arrosez de vinaigrette. Rectifiez l'assaisonnement si nécessaire. Servez cette salade avec les toasts de chèvre.

MESCLUN AUX RAVIOLES GRILLÉES ET AUX NOIX

POUR 4 PERSONNES • PRÉPARATION : 25 MIN • CONGÉLATION : 20 MIN
CUISSON : 5 MIN • BON MARCHÉ

INGRÉDIENTS

2 paquets de ravioles (soit 8 plaques)
3 cuil. à soupe d'huile d'olive
120 g de mesclun
4 cuil. à soupe de noix

Pour la vinaigrette
4 cuil. à soupe d'huile de noix
2 cuil. à soupe de vinaigre de vin
Sel, poivre

Placez les plaques de ravioles pendant 20 min au congélateur. Sortez-les et détachez-les les unes des autres avec précaution.

Faites-les cuire pendant 1 min dans une casserole d'eau bouillante. Égouttez-les à l'aide d'une écumoire et déposez-les dans un plat creux. Ajoutez l'huile d'olive tout en secouant l'assiette afin que les ravioles ne collent pas les unes aux autres.

Faites chauffer une poêle, ajoutez les ravioles et faites-les sauter à feu vif jusqu'à ce qu'elles soient bien dorées.

Lavez et essorez le mesclun. Concassez grossièrement les noix.

Préparez la vinaigrette en mélangeant l'huile de noix, le vinaigre de vin, le sel et le poivre. Émulsionnez bien.

Mélangez tous les ingrédients, arrosez de vinaigrette et servez aussitôt.

HARICOTS COCOS PLATS, VIANDE DES GRISONS, AVOCAT ET POIRE

POUR 4 PERSONNES • PRÉPARATION : 15 MIN • CUISSON : 10 À 12 MIN • BON MARCHÉ

INGRÉDIENTS

400 g de haricots cocos plats
2 poires
100 g de viande des Grisons
2 avocats
4 cuil. à soupe de pistaches décortiquées
4 cuil. à soupe de noisettes
4 brins de ciboulette

Pour la vinaigrette
4 cuil. à soupe d'huile d'avocat
2 cuil. à soupe de vinaigre de vin rouge
Sel, poivre

Coupez les haricots cocos plats en tronçons de 4 cm environ.

Faites-les cuire 10 à 12 min à la vapeur (ils doivent rester croquants). Plongez-les dans un saladier d'eau froide pour stopper la cuisson.

Épluchez les poires et coupez-les en quatre. Retirez le cœur et les pépins, puis coupez les morceaux de poire en gros dés. Détaillez la viande des Grisons en lamelles.

Coupez les avocats en deux. Retirez le noyau et la peau et détaillez la chair en lamelles.

Concassez grossièrement les pistaches et les noisettes.

Lavez et ciselez la ciboulette.

Préparez la vinaigrette en mélangeant l'huile d'avocat, le vinaigre de vin rouge, le sel et le poivre. Émulsionnez bien.

Mettez dans un saladier tous les ingrédients. Arrosez la salade avec la vinaigrette. Servez aussitôt avec du pain aux graines par exemple.

SALADE PIÉMONTAISE

POUR 4 PERSONNES • PRÉPARATION : 20 MIN • CUISSON : 15 À 20 MIN • BON MARCHÉ

INGRÉDIENTS

600 g de pommes de terre
4 tomates
400 g de rôti de porc cuit ou de jambon coupé en tranches épaisses
8 gros cornichons
8 petits oignons marinés
4 branches de cerfeuil
250 g de mayonnaise
Sel, poivre

Faites cuire les pommes de terre pendant 15 à 20 min (selon leur grosseur) dans un grand volume d'eau bouillante salée. Égouttez-les, laissez-les refroidir pendant quelques instants et retirez la peau. Détaillez-les en gros dés.

Lavez et séchez les tomates. Détaillez-les en gros dés.

Coupez le rôti de porc en gros dés.

Coupez les cornichons en rondelles et les petits oignons en deux. Lavez, séchez et ciselez le cerfeuil.

Mélangez tous les ingrédients. Salez et poivrez. Réservez au frais jusqu'au moment de servir.

MAGRET DE CANARD, POIS CHICHES ET ARTICHAUTS

POUR 4 PERSONNES • PRÉPARATION : 25 MIN • REPOS : 10 MIN • CUISSON : 15 MIN • RAISONNABLE

INGRÉDIENTS

2 oranges
1 citron
240 g de fonds d'artichauts égouttés
12 tomates cerise
400 g de magret de canard
4 branches de persil
240 g de pois chiches déjà cuits

Pour la vinaigrette
4 cuil. à soupe d'huile d'olive
2 cuil. à soupe de vinaigre balsamique
Sel, poivre

Pressez les oranges et le citron pour récupérer leur jus.

Coupez les fonds d'artichauts en deux ou en quatre (selon leur taille). Déposez-les dans une casserole et laissez-les confire à feu très doux dans le jus d'orange et de citron pendant 15 min en mélangeant souvent.

Pendant ce temps, faites cuire le magret de canard. À l'aide d'un couteau tranchant, réalisez des croisillons sur le gras du canard. Dans une poêle très chaude, faites-le cuire du côté gras pendant 6 à 7 min à feu moyen. Retirez le surplus de gras dans la poêle, retournez le magret et poursuivez la cuisson 6 min.

Enveloppez-le pendant 10 min dans du papier d'aluminium, puis détaillez-le en tranches.

Préparez la vinaigrette en mélangeant le liquide de cuisson des fonds d'artichaut avec l'huile d'olive, le vinaigre balsamique, le sel et le poivre. Émulsionnez-bien.

Lavez et coupez les tomates cerise en deux. Lavez, séchez et effeuillez le persil.

Mélangez tous les ingrédients dans un saladier et arrosez de vinaigrette.

BOUDIN BLANC
AUX POMMES

POUR 4 PERSONNES • PRÉPARATION : 20 MIN • CUISSON : 20 MIN • RAISONNABLE

INGRÉDIENTS

4 boudins blancs
4 pommes type pink lady
30 g de beurre
100 g de mâche
4 branches de thym

Pour la vinaigrette
4 branches de persil
3 cuil. à soupe d'huile d'olive
2 cuil. à soupe de vinaigre balsamique blanc
Sel, poivre

Retirez la peau des boudins blancs et coupez-les en tranches fines.

Épluchez les pommes, coupez-les en six, retirez le cœur et les pépins.

Faites fondre 15 g de beurre dans la poêle, ajoutez les pommes et faites les dorer pendant 15 min en mélangeant régulièrement.

Dans une autre poêle, mettez le beurre restant et faites dorer les rondelles de boudin blanc pendant 5 min en les retournant à mi-cuisson.

Lavez et séchez la mâche.

Lavez et ciselez le persil.

Préparez la vinaigrette en mélangeant l'huile d'olive, le vinaigre balsamique blanc, le persil, le sel et le poivre. Émulsionnez bien.

Mélangez tous les ingrédients de la salade, arrosez-les de vinaigrette, mélangez bien et parsemez de thym. Servez aussitôt.

LINGUINI FROIDES, QUEUES D'ÉCREVISSES ET PESTO DE MÂCHE

POUR 4 PERSONNES • PRÉPARATION : 30 MIN • CUISSON : 9 MIN • RAISONNABLE

INGRÉDIENTS

280 g de linguini
100 g de mâche
½ gousse d'ail
30 g de parmesan
30 g de pignons torréfiés
60 cl d'huile d'olive
8 radis
120 g de queues d'écrevisses
Sel, poivre

Faites cuire les linguini *al dente* comme indiqué sur le paquet (environ 9 min).

Pendant la cuisson des pâtes, réalisez le pesto de mâche : lavez et séchez la mâche. Épluchez la demi-gousse d'ail.

Dans un blender, mixez ensemble 80 g de mâche, l'ail, le parmesan, les pignons et l'huile d'olive.

Lavez et séchez les radis. Détaillez-les en fines rondelles à l'aide d'une mandoline.

Égouttez les linguini et refroidissez-les en les passant sous l'eau fraîche.

Mélangez les linguini, le pesto de mâche, les queues d'écrevisses et la mâche restante. Salez, poivrez et parsemez de lamelles de radis.

CROZETS, POIRE, LARDONS ET GORGONZOLA

POUR 4 PERSONNES • PRÉPARATION : 15 MIN • CUISSON : 12 MIN • BON MARCHÉ

INGRÉDIENTS

200 g de crozets
100 g de lardons
1 poire
1 petite trévise
100 g de gorgonzola
40 g de noix
2 branches de persil

Pour la vinaigrette
5 cuil. à soupe d'huile de noix
2 cuil. à soupe de vinaigre de cidre
Sel, poivre

Faites cuire les crozets comme indiqué sur le paquet (environ 12 min).

Faites revenir les lardons pendant 5 à 6 min dans une poêle très chaude.

Épluchez la poire, retirez le cœur et les pépins et détaillez-la en gros morceaux.

Effeuillez la salade trévise et ciselez-la.

Détaillez le gorgonzola en gros cubes.

Lavez, séchez et effeuillez le persil.

Préparez la vinaigrette en mélangeant l'huile de noix, le vinaigre de cidre, le sel et le poivre. Émulsionnez bien.

Mélangez tous les ingrédients dans un saladier. Arrosez de vinaigrette et parsemez de persil ciselé. Servez sans attendre.

BOULGHOUR AU CURRY, CHOU DE BRUXELLES ET TOFU FUMÉ

POUR 4 PERSONNES • PRÉPARATION : 25 MIN • CUISSON : 12 MIN
REPOS : 5 MIN • BON MARCHÉ

INGRÉDIENTS

240 g de boulghour
12 choux de Bruxelles
200 g de tofu fumé
4 branches de coriandre
4 cuil. à soupe de raisins secs
2 cuil. à soupe rase de curry

Pour la vinaigrette
6 cuil. à soupe d'huile d'olive
3 cuil. à soupe de vinaigre balsamique blanc
Sel, poivre

Faites cuire le boulghour dans 480 g d'eau pendant 12 min. Laissez-le gonfler 5 min hors du feu.

Retirez les feuilles abîmées des choux de Bruxelles et ciselez finement les choux.

Détaillez le tofu en petits dés.

Lavez, séchez et ciselez la coriandre.

Préparez la vinaigrette en mélangeant l'huile d'olive, le vinaigre balsamique, le sel et le poivre. Émulsionnez bien.

Mélangez tous les ingrédients dans un saladier et servez aussitôt.

NOUILLES SOBA
AUX LÉGUMES ET SASHIMI DE THON

POUR 4 PERSONNES • PRÉPARATION : 15 MIN • CUISSON : 10 MIN • MARINADE : 10 MIN • RAISONNABLE

INGRÉDIENTS

320 g de nouilles soba
6 cuil. à soupe d'huile de sésame
4 cuil. à soupe de sauce de soja
2 cuil. à soupe de vinaigre de riz
320 g de thon cru
12 champignons shiitake
4 carottes
100 g de daïkon (radis blanc)
2 cuil. à café de graines de sésame noir
2 cuil. à café de graines de sésame blanc
4 branches de coriandre
Sel, poivre

Faites cuire les nouilles soba dans une grande casserole d'eau bouillante comme indiqué sur le paquet (environ 5 min), puis rincez-les sous l'eau froide afin de stopper la cuisson.

Mélangez 4 cuil. à soupe d'huile de sésame, la sauce de soja et le vinaigre.

Rincez le thon sous l'eau froide, séchez-le et détaillez-le en dés, puis arrosez-le avec cette vinaigrette. Laissez macérer pendant 10 min.

Pendant ce temps, nettoyez les shiitake et détaillez-les en lamelles. Faites-les cuire 3 ou 4 min dans l'huile de sésame restante.

Épluchez les carottes et le daikon et râpez-les.

Mélangez tous les ingrédients dans un saladier. Parsemez de sésame noir et blanc et de coriandre. Poivrez et salez légèrement (la sauce de soja est déjà très salée). Servez aussitôt.

ASTUCE

Afin que l'eau ne déborde pas lorsque vous cuisez les nouilles soba, ajoutez de l'eau froide au fur et à mesure de la cuisson.

PISSENLIT, RILLONS, ŒUFS MOLLETS ET NOIX

POUR 4 PERSONNES • PRÉPARATION : 20 MIN • CUISSON : 5 MIN • BON MARCHÉ

INGRÉDIENTS

4 œufs
8 ou 12 pieds de pissenlit (selon la grosseur)
4 branches de persil plat
320 g de rillons
10 cerneaux de noix

Pour la vinaigrette
4 cuil. à soupe d'huile de noix
3 cuil. à soupe de vinaigre de vin rouge
Sel, poivre

Portez de l'eau salée à ébullition et faites cuire les œufs pendant 6 min. Refroidissez-les aussitôt sous l'eau fraîche et écalez-les.

Lavez et séchez les feuilles de pissenlit après avoir retiré leur pied.

Lavez, séchez et effeuillez le persil.

Détaillez les rillons en tranches de 1 cm. Faites-les dorer pendant 5 min à la poêle à sec.

Préparez la vinaigrette en mélangeant l'huile de noix, le vinaigre de vin rouge, le sel et le poivre. Émulsionnez bien.

Mélangez tous les ingrédients dans un saladier, arrosez de vinaigrette, mélangez de nouveau, puis déposez les œufs sur le dessus.

ANDOUILLE DE GUÉMENÉ, POMME ET CHIPS DE CRÊPE DE SARRASIN

POUR 4 PERSONNES • PRÉPARATION : 15 MIN • CUISSON : 10 À 12 MIN • RAISONNABLE

INGRÉDIENTS

4 crêpes de sarrasin (du commerce)
400 g d'andouille de Guémené
20 g de beurre
2 petites pommes
80 g de mesclun
40 g de noix

Pour la vinaigrette
4 cuil. à soupe d'huile de noix
2 cuil. à soupe de vinaigre de cidre
Sel, poivre

Préchauffez le four à 180 °C (th. 6). Sur une plaque de cuisson, déposez les crêpes de sarrasin et enfournez-les pour 10 à 12 min (elles doivent être croustillantes comme des chips).

Détaillez l'andouille de Guémené en rondelles assez fines.

Dans une grande poêle, faites fondre le beurre, ajoutez les rondelles d'andouille et laissez-les dorer 8 à 10 min en les retournant à mi-cuisson.

Lavez et séchez les pommes. Coupez-les en quatre et détaillez-les en lamelles après avoir retiré le cœur et les pépins.

Lavez et séchez le mesclun.

Préparez la vinaigrette en mélangeant l'huile de noix, le vinaigre de cidre, le sel et le poivre. Émulsionnez bien.

Mélangez tous les ingrédients dans un saladier, arrosez de vinaigrette et parsemez de chips de sarrasin. Servez aussitôt.

BULOTS ET POMMES DE TERRE AU PAPRIKA FUMÉ

POUR 4 PERSONNES • PRÉPARATION : 15 MIN • CUISSON : 25 MIN • BON MARCHÉ

INGRÉDIENTS

600 g de pommes de terre spéciales « vapeur »
80 g de mesclun
320 g de bulots déjà cuits
2 petites gousses d'ail
20 g de beurre
4 branches de persil
1 cuil. à soupe de paprika fumé

Faites cuire les pommes de terre dans un grand volume d'eau bouillante salée pendant 15 min environ (selon leur grosseur), puis égouttez-les. Laissez-les refroidir quelques instants. Épluchez-les et coupez-les en rondelles.

Lavez et séchez le mesclun. Décortiquez les bulots. Épluchez les gousses d'ail et ciselez-les finement.

Dans une poêle, faites fondre le beurre. Ajoutez les pommes de terre, les bulots, l'ail, le paprika et laissez dorer à feu moyen durant 10 min en mélangeant régulièrement.

Lavez et ciselez le persil. Mélangez tous les ingrédients et servez aussitôt.

POMMES DE TERRE, ENDIVES ET CANCOILLOTTE

POUR 4 PERSONNES • PRÉPARATION : 15 MIN • CUISSON : 15 À 20 MIN • BON MARCHÉ

INGRÉDIENTS

4 pommes de terre
100 g de lardons
2 endives
80 g de mâche
1 pot de cancoillotte
40 g de noix
Quelques branches de persil haché

Pour la vinaigrette
3 cuil. à soupe d'huile de noix
2 cuil. à soupe de vinaigre de vin
Sel, poivre

Faites cuire les pommes de terre à la vapeur pendant 15 à 20 min (selon leur grosseur). Laissez-les refroidir quelques minutes, puis détaillez-les en rondelles.

Préparez la vinaigrette en mélangeant l'huile de noix, le vinaigre de vin, le sel et le poivre. Émulsionnez bien.

Dans une grande poêle, faires dorer les lardons pendant 4 à 6 min.

Lavez et séchez les endives et la mâche. Détaillez les endives en tronçons.

Répartissez tous les ingrédients, sauf la cancoillotte, dans 4 assiettes.

Versez la cancoillotte sur les pommes de terre.

Arrosez les endives et la mâche de vinaigrette. Parsemez de persil.

LENTILLES AUX DIOTS ET CHOU ROUGE

POUR 4 PERSONNES • PRÉPARATION : 20 MIN • CUISSON : 30 MIN • BON MARCHÉ

INGRÉDIENTS

150 g de lentilles
4 diots
200 g de chou rouge
4 branches de cerfeuil

Pour la vinaigrette
2 cuil. à café de moutarde forte
2 cuil. à soupe de vinaigre de vin
4 cuil. à soupe d'huile d'olive
Sel, poivre

Versez les lentilles dans une casserole, ajoutez 2,5 fois leur volume d'eau. Couvrez et laissez cuire pendant 30 min. Salez en fin de cuisson. Égouttez-les.

Faites cuire les diots pendant 10 min dans de l'eau portée à petite ébullition. Égouttez-les et détaillez-les en rondelles.

Émincez finement le chou rouge.

Préparez la vinaigrette en mélangeant la moutarde, le vinaigre de vin, l'huile d'olive, le sel et le poivre. Émulsionnez bien.

Mélangez tous les ingrédients dans un saladier. Parsemez de cerfeuil ciselé.

CREVETTES EN ROBE DE KADAÏF, CHAMPIGNONS ET ORANGES SANGUINES

POUR 4 PERSONNES • PRÉPARATION : 30 MIN • CUISSON : 5 MIN • BON MARCHÉ

INGRÉDIENTS

1 cuil. à soupe de curry
16 crevettes crues
100 g de kadaïf
1 avocat
4 champignons de Paris
2 petites oranges sanguines
80 g de mâche
4 cuil. à soupe d'huile d'olive

Pour la vinaigrette
4 cuil. à soupe d'huile d'olive
2 cuil. à soupe de vinaigre de vin
Sel, poivre

Déposez le curry dans une petite coupelle et roulez les crevettes dedans.

Enveloppez les crevettes dans le kadaïf.

Épluchez l'avocat et les champignons et détaillez-les en fines tranches.

Pelez les oranges à vif et détaillez-les en fines tranches.

Rincez la mâche et retirez le pied sableux.

Faites chauffer l'huile d'olive et faites dorer les crevettes au kadaïf pendant 5 min en les retournant régulièrement.

Mélangez tous les ingrédients dans un saladier.

Préparez la vinaigrette en mélangeant l'huile d'olive, le vinaigre de vin, le sel et le poivre. Émulsionnez bien.

Arrosez la salade avec cette vinaigrette, dégustez aussitôt.

POIREAUX, ŒUFS DURS ET PANCETTA, SAUCE GRIBICHE

POUR 4 PERSONNES • PRÉPARATION : 25 MIN • CUISSON : 25 À 30 MIN • BON MARCHÉ

INGRÉDIENTS

8 petits poireaux
4 œufs durs
8 tranches de pancetta

Pour la sauce
2 œufs durs
6 petits cornichons
6 petits oignons blancs marinés
6 olives noires
1 cuil. à soupe de moutarde fine
20 cl d'huile de tournesol
2 cuil. à soupe de vinaigre de vin
1 cuil. à soupe de cerfeuil haché
1 cuil. à soupe d'estragon haché
1 cuil. à soupe de persil plat haché
Sel, poivre

Récupérez les blancs des poireaux en conservant un peu de vert. Lavez-les bien sous l'eau froide afin de retirer toute la terre. Faites-les cuire à la vapeur pendant 20 à 25 min selon la grosseur.

Faites durcir les 6 œufs durs. Écalez-les.

Dans une grande poêle, faites dorer la pancetta durant 3 ou 4 min.

Préparez la sauce : séparez les jaunes des blancs des œufs. Hachez grossièrement les blancs, les cornichons, les oignons blancs et les olives noires. Écrasez finement les jaunes à l'aide d'une fourchette. Ajoutez la moutarde. Fouettez tout en versant l'huile en filet. Ajoutez ensuite le vinaigre, puis le reste des ingrédients. Salez et poivrez.

Déposez les poireaux dans un plat de service. Coupez les 4 œufs restants en deux. Déposez-les sur les poireaux et la pancetta et arrosez-les de sauce gribiche. Servez aussitôt.

CHOU BLANC ET PANEER À L'INDIENNE

POUR 4 PERSONNES • PRÉPARATION : 20 MIN • MARINADE : 1 H
CUISSON : 5 À 6 MIN • BON MARCHÉ

INGRÉDIENTS

2 carottes
1 panais
300 g de chou blanc
120 g de paneer
1 cuil. à soupe d'huile de tournesol
2 cuil. à soupe de curry
2 cuil. à soupe de miel
10 cl de vinaigre blanc
60 g de raisins blonds
5 cuil. à soupe d'huile d'olive
4 branches de coriandre
4 branches de menthe

Épluchez les carottes et le panais. Retirez la première feuille du chou blanc. Émincez finement le chou blanc, les carottes et le panais.

Détaillez le paneer en cubes. Roulez-le dans 1 cuil. à soupe de curry et faites-le dorer pendant quelques minutes dans l'huile de tournesol.

Dans une casserole, mélangez le reste de curry, le miel et le vinaigre blanc. Portez à ébullition. Laissez refroidir.

Dans un grand contenant, mélangez le chou blanc, les carottes, le panais et les raisins. Ajoutez le contenu de la casserole et laissez mariner au frais pendant 1 h.

Ajoutez le paneer, l'huile d'olive, la coriandre et la menthe lavées et ciselées. Servez aussitôt.

BŒUF ET POTIMARRON RÔTI

POUR 4 PERSONNES • PRÉPARATION : 30 MIN • CUISSON : 45 MIN • BON MARCHÉ

INGRÉDIENTS

Ingrédients
½ potimarron
2 cuil. à café d'origan séché
½ cuil. à café de piment fort
3 cuil. à soupe d'huile d'olive
40 g de noisettes
20 g de beurre
400 g de filet de bœuf
80 g de mesclun
20 g de parmesan en copeaux

Pour la vinaigrette
3 cuil. à soupe d'huile d'olive
1 cuil. à soupe d'huile de noisette
2 cuil. à soupe de vinaigre de xeres
Sel, poivre

Préchauffez le four à 180 °C (th. 6).

Lavez et séchez le potimarron. Détaillez-le en grosses tranches après avoir retiré les graines. Déposez-les sur une plaque de cuisson recouverte de papier sulfurisé.

Saupoudrez d'origan, de piment et de 2 cuil. à soupe d'huile d'olive. Enfournez pour 40 min.

Pendant ce temps, faites torréfier les noisettes à sec dans une grande poêle. Faites fondre le beurre dans une grande poêle avec 1 cuil. à soupe d'huile d'olive.

Faites dorer le filet de bœuf 3 ou 4 min de chaque côté. Hors du feu, détaillez-le en fines tranches.

Lavez et séchez le mesclun.

Préparez la vinaigrette en mélangeant l'huile d'olive, l'huile de noisette, le vinaigre de xeres, le sel et le poivre. Émulsionnez bien.

Mélangez tous les ingrédients, arrosez de vinaigrette. Parsemez de copeaux de parmesan.

CARPACCIO DE COQUILLES SAINT-JACQUES, AVOCAT ET MANGUE

POUR 4 PERSONNES • PRÉPARATION : 20 MIN • CONGÉLATION : 20 MIN • CHER

INGRÉDIENTS

12 grosses coquilles Saint-Jacques sans corail
1 petite mangue
2 avocats
½ baguette

Pour la vinaigrette
2 fruits de la Passion
Le jus de ½ citron vert
8 cuil. à soupe d'huile d'olive
Sel, poivre

Rincez les coquilles Saint-Jacques sous l'eau froide. Séchez-les bien.

Placez-les pendant 20 min au congélateur afin de les raffermir et de faciliter la découpe.

Pendant ce temps, épluchez la mangue et les avocats. Détaillez-les en lamelles ou en petits dés.

Dans un bol, mélangez la pulpe des fruits de la Passion, le jus de citron, l'huile d'olive, le sel et le poivre.

À l'aide d'un couteau très aiguisé, détaillez les Saint-Jacques en carpaccio et déposez-les au fur et à mesure sur des assiettes. Répartissez sur le dessus les morceaux d'avocat et de mangue. Arrosez de vinaigrette. Servez avec des tranches de baguette toastées et un beurre de coriandre.

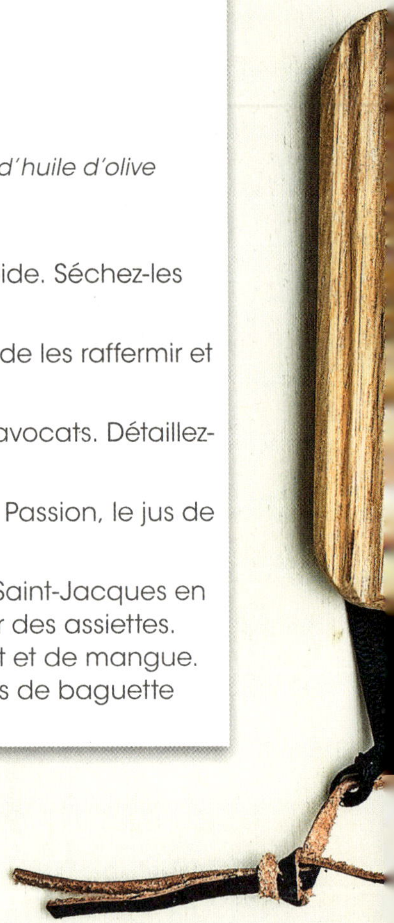

KALE, THON ET QUINOA, SAUCE AGRUMES

POUR 4 PERSONNES • PRÉPARATION : 25 MIN • CUISSON : 12 MIN • RAISONNABLE

INGRÉDIENTS

160 g de quinoa
1 petit pamplemousse
1 orange
1 citron
60 g de chou rouge
100 g de betterave cuite
2 feuilles de kale
280 g de thon cru
4 cuil. à soupe de graines mélangées (courge, tournesol...)

Pour la vinaigrette
4 cuil. à soupe d'huile de pépins de raisin
Le jus des agrumes
Sel, poivre

Rincez plusieurs fois le quinoa sous l'eau froide (afin d'éviter l'amertume). Faites-le cuire dans 320 g d'eau pendant 12 min.

Pelez les agrumes à vif (en prenant soin de récupérer le jus pour la vinaigrette), puis détaillez les suprêmes (les quartiers) en petits morceaux.

Râpez finement le chou rouge et détaillez la betterave rouge en petits dés.

Lavez et séchez les feuilles de kale. Retirez la côte centrale et déchirez les feuilles en petits morceaux.

Rincez le thon sous l'eau froide. Séchez-le et détaillez-le en morceaux.

Placez tous les ingrédients dans un saladier.

Préparez la vinaigrette en mélangeant l'huile de pépins de raisin, le jus des agrumes, le sel et le poivre. Émulsionnez bien.

Arrosez la salade avec cette vinaigrette et servez rapidement.

CAROTTES, PANAIS ET GALETTES DE CÉRÉALES

POUR 4 PERSONNES • PRÉPARATION : 35 MIN • REPOS : 15 MIN
CUISSON : 8 MIN • BON MARCHÉ

INGRÉDIENTS

½ œuf
50 g de mimolette
1 oignon nouveau
40 g de flocons de sarrasin
40 g de flocons de millet
40 g de flocons de quinoa
11 cl de lait (ou de lait de soja)
2 cuil. à café rase de curry
2 carottes
2 petits panais
80 g de mesclun
4 branches de coriandre
2 cuil à soupe d'huile d'olive

Pour la vinaigrette
3 cuil. à soupe d'huile d'olive
2 cuil. à soupe de vinaigre de xeres
Sel, poivre

Battez le demi-œuf en omelette. Râpez la mimolette. Épluchez l'oignon et ciselez-le.

Mélangez tous les flocons avec le lait et le curry. Salez et poivrez. Ajoutez la mimolette, l'œuf battu et l'oignon. Laissez gonfler pendant 15 min.

Épluchez les carottes et les panais et râpez-les. Rincez et séchez le mesclun. Ciselez la coriandre.

Dans une grande poêle, faites chauffer l'huile et réalisez des petites galettes avec la pâte de flocons de céréales. Faites-les cuire pendant 8 min en les retournant à mi-cuisson.

Préparez la vinaigrette en mélangeant l'huile d'olive, le vinaigre de xeres, le sel et le poivre. Émulsionnez bien.

Mélangez le mesclun, les légumes râpés et la coriandre et arrosez de vinaigrette. Servez avec les galettes.

CARPACCIO DE BŒUF, MANDARINE ET TÊTE DE MOINE

POUR 4 PERSONNES • PRÉPARATION : 15 MIN • RAISONNABLE

INGRÉDIENTS

400 g de carpaccio de bœuf
4 grosses clémentines ou 8 petites
8 petits champignons
120 g de tête de moine
4 branches de thym

Pour la vinaigrette
1 citron
2 clémentines
4 cuil. à soupe d'huile d'olive
Sel, poivre

Préparez la vinaigrette : pressez le citron et les clémentines pour en récupérer le jus et mélangez-le avec l'huile d'olive. Salez et poivrez.

Épluchez les autres clémentines à vif et levez les suprêmes (les quartiers).

Nettoyez les champignons. Coupez le pied terreux et essuyez le chapeau avec du papier absorbant humide. Détaillez-les en lamelles.

Déposez le carpaccio de bœuf dans 4 assiettes.

Répartissez harmonieusement les suprêmes de clémentines, les lamelles de champignons et le fromage.

Arrosez de vinaigrette aux agrumes et parsemez de thym. Servez rapidement.

HIVER

PATATES DOUCES RÔTIES ET BROUSSE

POUR 4 PERSONNES • PRÉPARATION : 10 MIN • CUISSON : 35 MIN • RAISONNABLE

INGRÉDIENTS

800 g de patates douces
6 cuil. à soupe d'huile d'olive
4 cuil. à soupe d'épices cajun
8 tranches fines de bacon
4 cuil. à soupe de sirop d'érable
280 g de brousse
40 g de cranberries
40 g de noix de pécan
2 branches de persil
Sel, poivre

Préchauffez le four à 180 °C (th. 6).

Épluchez les patates douces et détaillez-les en tranches de 1 cm d'épaisseur.

Déposez-les dans un plat et arrosez-les de 4 cuil. à soupe d'huile d'olive et d'épices cajun. Enrobez-les bien du mélange.

Placez les tranches de patate douce sur une plaque de cuisson recouverte de papier sulfurisé. Enfournez pour 30 min en retournant à mi-cuisson.

Mettez les tranches de bacon dans une poêle chaude, arrosez de sirop d'érable et laissez dorer et caraméliser pendant 5 ou 6 min.

Émiettez grossièrement la brousse.

Déposez tous les ingrédients dans un plat, parsemez de persil lavé, séché et ciselé et de l'huile d'olive restante. Salez et poivrez. Servez aussitôt.

POIS CASSÉS
À LA TRUITE FUMÉE, VINAIGRETTE AU MIEL

POUR 4 PERSONNES • PRÉPARATION : 15 MIN • TREMPAGE : 12 H
CUISSON : 40 MIN • BON MARCHÉ

INGRÉDIENTS

200 g de pois cassés crus (soit environ 400 g une fois cuits)
120 g de truite fumée
2 branches d'estragon

Pour la vinaigrette
1 cuil. à soupe de miel liquide
2 cuil. à café de moutarde
3 cuil. à soupe d'huile d'olive
2 cuil. à soupe de vinaigre balsamique blanc
Sel, poivre

La veille, faites tremper les pois cassés pendant 12 h. Le jour même, rincez-les et faites-les cuire pendant 40 min dans 3 ou 4 fois leur volume d'eau. Égouttez-les.

Détaillez la truite fumée en lanières de 1 cm environ. Lavez et ciselez l'estragon.

Préparez la vinaigrette en mélangeant le miel, la moutarde, l'huile d'olive, le vinaigre balsamique blanc, le sel et le poivre. Émulsionnez bien.

Mélangez tous les ingrédients dans un saladier, arrosez de vinaigrette et servez aussitôt.

BOULGHOUR DE RIZ
ET LÉGUMES D'HIVER

POUR 4 PERSONNES • PRÉPARATION : 25 MIN • CUISSON : 25 MIN • BON MARCHÉ

INGRÉDIENTS

200 g de courge butternut
2 petits panais
4 feuilles de chou kale
8 cuil. à soupe d'huile de noisette
1 cuil. à soupe de ras-el-hanout
240 g de boulghour de riz
40 g de noisettes
4 tranches de bacon
100 g de marrons en bocal

Épluchez la courge butternut et les panais. Détaillez-les en morceaux.

Lavez les feuilles de chou kale et séchez-les bien. Coupez-les grossièrement après avoir pris soin de retirer la côte centrale.

Dans une grande poêle, faites chauffer 4 cuil. à soupe d'huile de noisette. Ajoutez les morceaux de butternut, de panais, de kale et le *ras-el-hanout*. Laissez dorer pendant 5 min en mélangeant régulièrement. Ajoutez 50 ml d'eau dans le fond de la poêle, couvrez et laissez cuire 15 min de plus.

Pendant ce temps, portez 580 g d'eau à ébullition et faites cuire le boulghour de riz pendant 15 min.

Laissez refroidir tous les ingrédients. Faites torréfier les noisettes pendant quelques minutes à sec dans une poêle très chaude, puis concassez-les grossièrement.

Dans une poêle, faites dorer le bacon 3 ou 4 min de chaque côté. Émiettez-le.

Égouttez les marrons. Concassez-les grossièrement.

Mélangez tous les ingrédients avec le reste de l'huile de noisette. Salez et poivrez, servez aussitôt.

LENTILLES, ŒUFS MOLLETS ET POIRE

POUR 4 PERSONNES • PRÉPARATION : 25 MIN
CUISSON : 35 À 40 MIN • BON MARCHÉ

INGRÉDIENTS

150 g de lentilles
½ oignon rouge
1 poire
4 branches de persil
4 œufs
2 cuil. à soupe de graines mélangées (lin, sésame, courge, tournesol…)

Pour la vinaigrette
4 cuil. à soupe d'huile d'olive
2 cuil. à soupe de vinaigre balsamique blanc
Sel, poivre

Versez les lentilles dans une casserole, ajoutez 2,5 fois leur volume d'eau. Couvrez et laissez cuire pendant 30 min. Salez en fin de cuisson. Égouttez et réservez.

Épluchez l'oignon rouge et ciselez-le finement. Épluchez la poire. Coupez-la en quatre, retirez le cœur et les pépins. Détaillez-la en petits dés. Lavez et ciselez le persil.

Faites cuire les œufs : placez-les dans une grande casserole d'eau salée portée à ébullition. Faites-les cuire pendant 6 min, puis égouttez-les et déposez-les immédiatement dans un saladier contenant de l'eau glacée pour stopper la cuisson. Écalez-les et roulez-les dans les graines.

Préparez la vinaigrette en mélangeant l'huile d'olive, le vinaigre balsamique blanc, le sel et le poivre. Émulsionnez bien.

Mélangez les lentilles, les dés de poire et l'oignon rouge. Arrosez de vinaigrette et de persil ciselé. Déposez les œufs enrobés de graines sur le dessus.

POKE BOWL VÉGÉTARIEN

POUR 4 PERSONNES • PRÉPARATION : 15 MIN
CUISSON : 50 MIN • BON MARCHÉ

INGRÉDIENTS

240 g de riz noir
½ grenade
125 g de pousses d'épinard
200 g de tofu fumé
½ cuil. à café de curry
2 cuil. à soupe de miel
1 cuil. à café d'huile d'olive
4 cuil. à café de graines mélangées de votre choix (lin, sésame, courge...)

Pour la vinaigrette
4 cuil. à soupe d'huile d'olive
2 cuil. à soupe de vinaigre de vin blanc
Sel, poivre

Faites cuire le riz noir comme indiqué sur le paquet (environ 45 min).

Égrainez la grenade. Rincez et séchez les pousses d'épinard. Détaillez le tofu fumé en petits dés.

Faites chauffer l'huile d'olive dans la poêle et faites-y revenir le tofu pendant 5 min avec le curry et le miel.

Préparez la vinaigrette en mélangeant l'huile d'olive, le vinaigre, le curry, le sel et le poivre. Émulsionnez bien.

Placez tous les ingrédients dans un saladier, arrosez de vinaigrette et parsemez de graines avant de servir.

POMMES DE TERRE, HARENGS MARINÉS ET PAILLETTES D'ALGUES

POUR 4 PERSONNES • PRÉPARATION : 10 MIN • CUISSON : 15 À 20 MIN • BON MARCHÉ

INGRÉDIENTS

600 g de pommes de terre spéciales « vapeur »
4 harengs marinés
½ oignon rouge
4 cuil. à soupe rases de paillettes d'algues

Pour la vinaigrette
4 cuil. à soupe d'huile de marinade des harengs
4 cuil. à soupe de vinaigre de vin rouge
Sel, poivre

Faites cuire les pommes de terre dans un grand volume d'eau salée durant 15 à 20 min selon leur grosseur. Égouttez-les.

Détaillez les harengs marinés en tronçon de 2 cm. Épluchez le demi-oignon et coupez-le finement à l'aide d'une mandoline ou d'un couteau très tranchant.

Préparez la vinaigrette en mélangeant l'huile de marinade des harengs, le vinaigre de vin, le sel et le poivre.

Placez les pommes de terre, les harengs, les lamelles d'oignon dans un saladier et arrosez-les de vinaigrette. Au moment de servir, saupoudrez de paillettes d'algues.

RIZ AU THON ET BETTERAVE AU GINGEMBRE

POUR 4 PERSONNES • PRÉPARATION : 20 MIN • CUISSON : 12 MIN • BON MARCHÉ

INGRÉDIENTS

240 g de riz
400 g de betterave cuite
240 g de thon en conserve égoutté
4 branches de persil
2 cuil. à soupe de gingembre frais râpé

Pour la vinaigrette
6 cuil. à soupe d'huile d'olive
3 cuil. à soupe de vinaigre de framboise
Sel, poivre

Faites cuire le riz comme indiqué sur le paquet (environ 12 min). Égouttez-le.

Épluchez les betteraves et détaillez-les en petits cubes.

Égouttez le thon, émiettez-le grossièrement à la fourchette.

Préparez la vinaigrette en mélangeant l'huile d'olive et le vinaigre de framboise, le sel et le poivre. Émulsionnez bien.

Lavez, séchez et ciselez finement le persil. Mélangez tous les ingrédients dans un saladier. Arrosez de vinaigrette. Servez bien frais.

NOUILLES SOBA, OMELETTE, ŒUFS DE SAUMON ET EDAMAME

POUR 4 PERSONNES • PRÉPARATION : 25 MIN • CUISSON : 6 MIN • RAISONNABLE

INGRÉDIENTS

320 g de nouilles soba
4 œufs
4 cuil. à café de sucre
8 cuil. à café de saké
1 cuil. à soupe d'huile de sésame
1 pincée de sel
120 g d'edamame
80 g d'œufs de saumon
1 cuil. à soupe de feuille de nori finement ciselée

Pour la sauce
50 cl de mirin
50 cl de sauce de soja
5 g de dashi en poudre

Préparez la sauce : portez le mirin à ébullition. Ajoutez la sauce de soja, laissez bouillir pendant 30 s, ajoutez le dashi. Mélangez. Laissez refroidir.

Faites cuire les nouilles soba comme indiqué sur le paquet (6 min environ). Égouttez-les et laissez-les refroidir.

Battez les œufs en omelette. Ajoutez le sucre et le saké. Faites chauffer l'huile de sésame dans une grande poêle. Faites cuire les œufs en omelette très fine. Détaillez-les en lamelles.

Écossez les edamame.

Assemblez tous les ingrédients dans un saladier et arrosez de sauce. Servez aussitôt.

SAKE

BOUDIN CRÉOLE À L'ANANAS ET NOIX DE COCO

POUR 4 PERSONNES • PRÉPARATION : 30 MIN • CUISSON : 5 MIN • BON MARCHÉ

INGRÉDIENTS

4 petits boudins créoles d'environ 65 g
200 g d'ananas
15 g de beurre
60 g de noix de coco
80 g de mesclun

Pour la vinaigrette
3 cuil. à soupe d'huile d'olive
Le jus de ½ citron vert
Sel, poivre

Retirez la peau des boudins et détaillez-les en rondelles.

Épluchez l'ananas, coupez la chair en gros dés.

Dans une poêle, faites fondre le beurre. Ajoutez l'ananas, le boudin et la noix de coco et laissez dorer pendant 5 min en mélangeant régulièrement.

Préparez la vinaigrette en mélangeant l'huile d'olive, le jus de citron vert, le sel et le poivre. Émulsionnez bien.

Mélangez tous les ingrédients dans un saladier et arrosez de vinaigrette. Servez tiède.

SARDINES
ET POMMES DE TERRE, PESTO DE CÂPRES

POUR 4 PERSONNES • PRÉPARATION : 20 MIN • CUISSON : 25 À 30 MIN • BON MARCHÉ

INGRÉDIENTS

600 g de pommes de terre
8 tranches de pain
1 salade rougette
8 sardines à l'huile en boîte

Pour le pesto de câpres
120 g de câpres égouttées
2 gousses d'ail
5 cl d'huile d'olive
Sel, poivre

Faites cuire les pommes de terre à la vapeur pendant 15 à 20 min selon leur grosseur. Laissez-les refroidir quelques instants, puis épluchez-les et détaillez-les en dés.

Préchauffez le four en position gril et faites dorer le pain 3 ou 4 min.

Lavez et séchez la rougette. Épluchez les gousses d'ail.

À l'aide d'un petit mixeur, mixez les câpres, les gousses d'ail et l'huile d'olive. Salez (pas trop car les câpres sont déjà salées) et poivrez.

Placez un peu de rougette et de dés de pommes de terre dans chaque assiette. Déposez les sardines sur les tranches de pain et ajoutez 2 ou 3 cuillerées de pesto de câpres par assiette.

CONSEIL

Si vous ne trouvez pas de salade rougette, vous pouvez la remplacer par de la laitue.

SALADE VÉGÉTARIENNE SUCRÉE-SALÉE AU FONIO

POUR 4 PERSONNES • PRÉPARATION : 20 MIN • CUISSON : 10 MIN • BON MARCHÉ

INGRÉDIENTS

100 g de fonio
60 g de mesclun
½ citron confit
40 g de raisins secs
40 g de graines mélangées de votre choix (courges, tournesol, lin…)
40 g d'amandes
40 g de noix de pécan
40 g de cranberries

Pour la vinaigrette
1 orange sanguine
1 citron
2 cuil. à soupe d'huile d'olive

Faites cuire le fonio comme indiqué sur le paquet (8 min environ). Lavez et séchez le mesclun. Coupez le citron confit en petits dés.

Faites torréfier pendant quelques minutes les graines, les amandes et les noix de pécan à sec dans une poêle très chaude, puis concassez grossièrement les amandes et les noix de pécan.

Pressez l'orange et le citron. Préparez la vinaigrette en mélangeant l'huile d'olive, le jus d'orange et le jus de citron.

Mélangez tous les ingrédients dans un saladier et arrosez de vinaigrette aux agrumes.

MESCLUN
ET CABÉCOUS PANÉS AUX NOISETTES

POUR 4 PERSONNES • PRÉPARATION : 20 MIN• CUISSON : 6 À 8 MIN • RAISONNABLE

INGRÉDIENTS

1 œuf
8 cuil. à soupe de farine
60 g de poudre de noisette
4 cabécous
20 g de beurre
120 g de mesclun
40 g de noisettes
8 dattes moelleuses

Pour la vinaigrette
4 cuil. à soupe d'huile de noisette
2 cuil. à soupe de vinaigre de xeres
Sel, poivre

Battez l'œuf en omelette. Versez la farine, l'œuf battu et la poudre de noisette dans 3 assiettes. Trempez chaque cabécou d'abord dans la farine, puis dans l'œuf et enfin dans la poudre de noisette.

Dans une grande poêle, faites fondre le beurre, placez-y les cabécous et faites les dorer des 2 côtés pendant 3 à 4 min.

Lavez et séchez le mesclun. Concassez grossièrement les noisettes. Détaillez les dattes en morceaux après avoir retiré les noyaux.

Préparez la vinaigrette en mélangeant l'huile de noisette, le vinaigre de xeres, le sel et le poivre. Émulsionnez bien.

Dans un saladier, mélangez le mesclun, les dattes et les noisettes. Arrosez de vinaigrette et ajoutez les cabécous panés.

ENDIVES
AUX NOIX, LARD ET ROQUEFORT

POUR 4 PERSONNES • PRÉPARATION : 15 MIN • CUISSON : 10 MIN • BON MARCHÉ

INGRÉDIENTS

4 endives rouges
4 endives blanches
280 g de lard fumé
4 tranches de pain aux noix
160 g de roquefort
16 cerneaux de noix
4 branches de cerfeuil

Pour la vinaigrette
6 cuil. à soupe d'huile de noix
3 cuil. à soupe de vinaigre de noix
Sel, poivre du moulin

Retirez les feuilles abîmées des endives. Retirez le trognon et détaillez les endives en tronçons de 2 cm.

Détaillez le lard en lardons de 1 cm d'épaisseur et de 2 cm de largeur. Dans une poêle, faites dorer le lard à feu vif pendant 5 min.

Allumez le four en position gril.

Répartissez le roquefort sur les tranches de pain aux noix, puis déposez ces tartines de pain sur une plaque de cuisson recouverte de papier sulfurisé. Faites dorer les tartines pendant 5 min.

Préparez la vinaigrette en mélangeant l'huile de noix, le vinaigre de noix, le sel et le poivre. Émulsionnez bien.

Mélangez tous les ingrédients dans un saladier. Arrosez de vinaigrette. Parsemez de cerfeuil. Servez aussitôt avec les tartines de fromage fondant.

FOIE GRAS POÊLÉ AU CAFÉ, MÂCHE ET RAISIN BLANC

POUR 4 PERSONNES • PRÉPARATION : 20 MIN • CUISSON : 4 MIN • CHER

INGRÉDIENTS

100 g de mâche
40 g de noisettes torréfiées
80 g de raisin blanc
4 tranches de pain de mie
4 cuil. à soupe d'huile de noisette
2 cuil. à soupe de vinaigre balsamique
500 g de foie gras frais
8 cuil. à soupe de liqueur de café
4 branches de cerfeuil

Lavez et séchez la mâche. Concassez grossièrement les noisettes. Coupez les grains de raisin en deux s'ils sont très gros. Toastez le pain de mie.

Mélangez l'huile de noisette et le vinaigre balsamique. Réservez.

Détaillez le foie gras en escalopes de 1 cm d'épaisseur. Dans une poêle très chaude, faites dorer les escalopes de foie gras 2 min de chaque côté.

Déglacez la poêle avec la liqueur de café.

Déposez la mâche et le raisin dans les assiettes, arrosez de vinaigrette.

Répartissez les toasts et les escalopes de foie gras dans les assiettes. Parsemez de noisettes concassées et de cerfeuil. Servez aussitôt.

ŒUFS MIMOSA AU CURRY

POUR 4 PERSONNES • PRÉPARATION : 20 MIN • CUISSON : 12 MIN • BON MARCHÉ

INGRÉDIENTS

6 œufs
6 cuil. à soupe de mayonnaise
1 cuil. à soupe de curry
100 g de mesclun
4 petites tomates séchées

Pour la vinaigrette
3 cuil. à soupe d'huile d'olive
2 cuil. à soupe de vinaigre de vin
Sel, poivre

Faites cuire les œufs pendant 12 min. Passez-les sous l'eau fraîche pour les refroidir et écalez-les. Laissez-les refroidir quelques instants, puis coupez-les en deux.

Récupérez les jaunes. Écrasez-les à travers une petite passoire. Mélangez les miettes obtenues avec la mayonnaise et le curry. Salez et poivrez.

À l'aide d'une poche munie d'une douille cannelée, remplissez joliment les blancs d'œufs.

Rincez et séchez le mesclun.

Préparez la vinaigrette en mélangeant l'huile d'olive, le vinaigre de vin, le sel et le poivre. Émulsionnez bien.

Détaillez les tomates séchées en petits dés.

Répartissez le mesclun et les tomates séchées dans les assiettes. Arrosez de vinaigrette et ajoutez les œufs mimosa. Servez aussitôt avec du pain de campagne.

CÉLERI AU WASABI, POMME VERTE ET TOURTEAU

POUR 4 PERSONNES • PRÉPARATION : 30 MIN • RAISONNABLE

INGRÉDIENTS

100 g de mayonnaise
1 cuil. à café de wasabi
400 g de céleri-rave
280 g de chair de tourteau
2 pommes vertes
2 branches de cerfeuil
Sel, poivre

Mélangez la mayonnaise avec le wasabi. Épluchez le céleri-rave et râpez-le finement. Ajoutez-le à la mayonnaise et mélangez.

Émiettez la chair de tourteau. Lavez les pommes et séchez-les. Coupez-les en quatre, retirez le cœur et les pépins, puis détaillez-les en petits morceaux. Lavez et ciselez le cerfeuil.

Mélangez tous les ingrédients dans un saladier. Salez, poivrez et servez sans attendre.

CONSEIL

À cause de la présence de mayonnaise et de crabe, cette salade doit être consommée rapidement.

ASTUCE

Vous pouvez remplacer la chair de tourteau par de la chair de crabe en boîte ou surgelée.

CARPACCIO DE BETTERAVE, POMME ET RILLETTES DE MAQUEREAU

POUR 4 PERSONNES • PRÉPARATION : 20 MIN • RAISONNABLE

INGRÉDIENTS

½ baguette aux graines
200 g de maquereau au poivre
60 g de mascarpone
1 citron vert
1 betterave crue
2 pommes vertes
2 cuil. à soupes de graines de courge
2 cuil. à soupes de graines de tournesol
4 branches de coriandre

Pour la vinaigrette
4 cuil. à soupe d'huile de pépins de raisin
2 cuil. à soupe de vinaigre de cidre
Sel, poivre

Préchauffez le four en position gril. Détaillez la demi-baguette en tranches fines et faites dorer celles-ci pendant quelques minutes.

Râpez le zeste de citron et réservez-le. Pressez le citron pour en récupérer 4 cuil. à soupe de jus.

Retirez la peau du maquereau et mixez-le avec le mascarpone et le jus de citron.

Épluchez la betterave et détaillez-la à l'aide d'une mandoline. Faites de même avec les pommes. Déposez les tranches de betterave et de pomme au fur et à mesure dans les assiettes.

Faites torréfier les graines pendant quelques minutes à sec dans une poêle très chaude.

Préparez la vinaigrette en mélangeant l'huile de pépins de raisin, le vinaigre de cidre, le sel et le poivre. Émulsionnez bien.

Tartinez les tranches de pain de rillettes de maquereau. Parsemez de coriandre lavée et ciselée, de graines torréfiées et de zeste de citron râpé. Arrosez de vinaigrette et servez aussitôt.

SALADE THAÏE AU BŒUF

POUR 4 PERSONNES • PRÉPARATION : 25 MIN • BON MARCHÉ

INGRÉDIENTS

400 g de bœuf en carpaccio
240 g de chou chinois
240 g de carottes
240 g de concombre
1 petit piment rouge
4 cuil. à soupe de cacahuètes
4 branches de menthe
4 branches de coriandre

Pour la sauce
4 cuil. à soupe de sauce de poisson
4 cuil. à soupe de sauce soja
4 cuil. à soupe d'eau
Le jus de 1 citron vert
4 cuil. à soupe de sauce d'huître

Émincez le chou chinois. Lavez et séchez les carottes et le concombre.

Râpez les carottes. À l'aide d'une mandoline, détaillez le concombre en fines rondelles. Épépinez le piment rouge et ciselez-le finement.

Hachez grossièrement les cacahuètes. Lavez, séchez et effeuillez la menthe et la coriandre. Réservez pour le dressage.

Préparez la sauce en mélangeant tous les ingrédients. Émulsionnez bien

Déposez tous les ingrédients de la salade dans un plat, arrosez de sauce. Parsemez de cacahuètes, de menthe et de coriandre. Servez aussitôt.

TARTARE
DE MAGRET DE CANARD, ANANAS, NOISETTES ET MENTHE

POUR 4 PERSONNES • PRÉPARATION : 15 MIN • RAISONNABLE

INGRÉDIENTS

400 g de magrets de canard crus
240 g d'ananas épluché
80 g de mesclun
40 g de noisettes
4 branches de menthe
40 g de grattons de canard

Pour la vinaigrette
4 cuil. à soupe d'huile de noisette
4 cuil. à soupe de sauce de soja
Poivre

Retirez le gras des magrets de canard. Détaillez-les en petits dés.

Coupez l'ananas en petits dés.

Lavez et séchez le mesclun.

Concassez grossièrement les noisettes

Effeuillez, lavez et ciselez la menthe.

Préparez la vinaigrette en mélangeant l'huile de noisette, la sauce de soja et le poivre.

Mélangez tous les ingrédients dans un saladier et arrosez de vinaigrette.

REMARQUE

Salez avec parcimonie, la sauce de soja est déjà très salée.

CŒURS DE PALMIER, RIZ, MAÏS, ŒUF

POUR 4 PERSONNES • PRÉPARATION : 15 MIN • CUISSON : 13 MIN • BON MARCHÉ

INGRÉDIENTS

80 g de riz
2 œufs
80 g de cœurs de palmier
20 g d'amandes
1 pomme
2 tomates
10 olives noires dénoyautées
70 g de maïs
12 grosses câpres

Pour la vinaigrette
4 cuil. à soupe d'huile de tournesol
2 cuil. à soupe de vinaigre de vin
2 cuil. à soupe de moutarde en grains
2 cuil. à soupe de persil ciselé
Sel, poivre

Rincez le riz sous l'eau froide, puis faites-le cuire pendant 13 min à couvert.

Pendant ce temps, faites cuire les œufs pendant 12 min. Refroidissez-les et écalez-les.

Égouttez les cœurs de palmier et détaillez-les en rondelles de ½ cm environ.

Concassez grossièrement les amandes. Écalez les œufs durs et coupez-les en quatre.

Lavez et séchez la pomme. Coupez-la en quatre et détaillez-la en dés après avoir retiré le cœur et les pépins.

Lavez et séchez les tomates. Retirez le pédoncule et coupez-les en six. Coupez les olives en deux ou trois (selon leur grosseur).

Préparez la vinaigrette en mélangeant l'huile de tournesol, le vinaigre de vin, la moutarde en grains, le persil ciselé, le sel et le poivre. Émulsionnez bien.

Mélangez tous les ingrédients dans un saladier. Arrosez de vinaigrette.

POULET ET QUINOA, ANANAS ET CHIPS DE COCO

POUR 4 PERSONNES • PRÉPARATION : 15 MIN • CUISSON : 20 MIN • BON MARCHÉ

INGRÉDIENTS

160 g de quinoa
4 cuil. à soupe de chips de noix de coco
160 g d'ananas
240 g de blancs de poulet
15 g de beurre
2 cuil. à soupe d'huile d'olive
4 branches de coriandre

Pour la vinaigrette
6 cuil. à soupe d'huile d'olive
1 cuil. à soupe de garam masala
80 g de mesclun
3 cuil. à soupe de vinaigre de vin

Rincez plusieurs fois le quinoa sous l'eau froide (afin d'éviter l'amertume). Faites-le cuire pendant 15 min. Égouttez-le et rincez-le de nouveau sous l'eau fraîche pour le refroidir.

Dans une poêle, faites dorer les chips de noix de coco.

Épluchez l'ananas et coupez-les en gros dés. Détaillez le poulet en lanières.

Dans une grande poêle, faites chauffer le beurre et 1 cuil. à soupe d'huile d'olive. Ajoutez les lanières de poulet et le *garam masala*. Faites dorer pendant 8 min en retournant régulièrement.

À mi-cuisson, ajoutez les dés d'ananas.

Lavez et séchez le mesclun. Lavez, séchez et effeuillez la coriandre, réservez-la.

Préparez la vinaigrette en mélangeant l'huile d'olive, le vinaigre de vin, le sel et le poivre. Émulsionnez bien.

Placez les ingrédients dans un saladier, arrosez de vinaigrette. Servez aussitôt.

TARTARE DE THON, LENTILLES ET AGRUMES

POUR 4 PERSONNES • PRÉPARATION : 15 MIN • CUISSON : 30 MIN • RAISONNABLE

INGRÉDIENTS

150 g de lentilles
1 orange
1 citron vert
1 pamplemousse
280 g de thon frais
4 branches de coriandre

Pour la vinaigrette
6 cuil. à soupe d'huile d'olive
5 cuil. à soupe de jus d'agrumes
½ cuil. à café de cardamome moulue
½ cuil. à café de coriandre en poudre
Sel, poivre

Versez les lentilles dans une casserole, ajoutez 2,5 fois leur volume d'eau. Couvrez et laissez cuire pendant 30 min. Salez en fin de cuisson. Égouttez et réservez.

Pelez les agrumes à vif en récupérant le jus pour la vinaigrette. Coupez les suprêmes (les quartiers) en petits morceaux.

Rincez le thon sous l'eau froide, séchez-le et détaillez-le en dés de 1 cm de côté.

Lavez, séchez et ciselez la coriandre.

Préparez la vinaigrette en mélangeant l'huile d'olive, le jus des agrumes, la cardamome en poudre, la coriandre en poudre, le sel et le poivre. Émulsionnez bien.

Placez les ingrédients dans un saladier, arrosez de vinaigrette, parsemez de coriandre ciselée. Servez aussitôt.

VARIANTE

Vous pouvez remplacer le thon par du saumon ou du cabillaud.

SALADE FOLLE

POUR 4 PERSONNES • PRÉPARATION : 15 MIN • CUISSON : 10 MIN • CHER

INGRÉDIENTS

4 tranches de pain d'épices
120 g de mesclun, de pousses d'épinard ou de mâche
200 g de gésiers de volaille confits
80 g de magret de canard séché
200 g de foie gras de canard
80 g de raisin noir type muscat
40 g de noisettes torréfiées

Pour la vinaigrette
4 cuil. à soupe d'huile de pépins de raisin
2 cuil. à soupe de vinaigre balsamique
Sel, poivre

Allumez le four en position gril. Coupez les tranches de pain d'épices en « lanières ». Déposez-les sur une plaque de cuisson et enfournez pour 5 min.

Dans une grande poêle, réchauffez les gésiers de volaille confits. Égouttez-les sur du papier absorbant. Détaillez le foie gras en gros dés.

Faites torréfier les noisettes pendant quelques minutes à sec dans une poêle très chaude, puis concassez-les grossièrement.

Lavez, séchez et égrainez le raisin. Lavez et séchez la salade.

Préparez la vinaigrette en mélangeant l'huile de pépins de raisin, le vinaigre balsamique, le sel et le poivre. Émulsionnez bien.

Mélangez tous les ingrédients dans un saladier. Servez aussitôt avec les morceaux de pain d'épices tiédis.

LAAB MOO

POUR 4 PERSONNES • PRÉPARATION : 25 MIN • CUISSON : 3 À 4 MIN • BON MARCHÉ

INGRÉDIENTS

15 g de riz gluant de préférence
400 g de porc
1 petit oignon rouge
1 échalote
3 tiges de citronnelle
15 g de galanga
6 branches de menthe
2 cuil. à soupe d'huile végétale
4 cuil. à soupe de nuoc-mâm
Le jus de 1 citron vert
1 sucrine
Sel, poivre du moulin

Faites torréfier le riz pendant quelques minutes à sec dans une poêle très chaude. Une fois les grains dorés, mixez-les jusqu'à l'obtention d'une poudre ou écrasez-les dans un mortier.

Hachez finement la viande de porc.

Épluchez l'oignon et l'échalote. Enlevez la première feuille des tiges de citronnelle et émincez finement la partie la plus charnue de chaque tige.

Dans un mixeur, hachez l'oignon, l'échalote, le galanga et les feuilles de menthe.

À feu vif, faites revenir le porc haché dans l'huile pendant quelques minutes.

Mélangez-le avec le nuoc-mâm, le hachis d'oignon, le jus de citron et la poudre de riz.

Rectifiez l'assaisonnement si nécessaire.

Présentez le laab moo dans des feuilles de sucrine préalablement lavées et séchées.

CONSEIL

Si vous ne trouvez pas de galanga, utilisé dans cette recette laotienne, remplacez-le par du gingembre.

MAÏS, HARICOTS ROUGES ET POULET, SAUCE CHIMICHURI

POUR 4 PERSONNES • PRÉPARATION : 25 MIN • CUISSON : 8 À 10 MIN • BON MARCHÉ

INGRÉDIENTS

240 g de blancs de poulet
2 cuil. à soupe d'huile d'olive
1 oignon vert
2 branches de coriandre
250 g de maïs égoutté
250 g de haricots rouges cuits
Sel, poivre

Pour la sauce chimichuri
1 petite gousse d'ail
2 oignons verts
10 branches de coriandre
15 cl d'huile d'olive
1 cuil. à soupe de pâte de curry vert

Préparez la sauce chimichuri : épluchez la gousse d'ail et les oignons en gardant environ 5 cm de vert. Lavez, séchez et effeuillez la coriandre. À l'aide d'un blender, mixez tous les ingrédients de la sauce. Ajoutez un peu d'huile si la sauce est trop épaisse.

Détaillez le poulet en lanières. Dans une grande poêle, faites chauffer l'huile. Ajoutez les lanières de poulet, salez et poivrez et laissez-les dorer 8 à 10 min selon l'épaisseur. Retournez-les à mi-cuisson.

Épluchez l'oignon vert et ciselez-le finement. Lavez, séchez et effeuillez la coriandre.

Dans un saladier, mélangez le maïs, les haricots rouges, les lanières de poulet, l'oignon et la coriandre. Ajoutez la sauce et mélangez bien. Servez rapidement.

INDEX DES RECETTES

INDEX PAR INGRÉDIENT

REMERCIEMENTS

Je remercie sincèrement Ayumi Ilda pour son aide en cuisine et ses précieux conseils.
Merci également à tous ceux qui ont testé les recettes !
Encore merci à Guillaume pour cette chouette collaboration.
Un grand merci aux Éditions Hachette Pratique et à Lisa pour leur confiance sur ce projet.

58, rue Jean Bleuzen – CS 70007 – 92178 Vanves Cedex

Pour l'éditeur, le principe est d'utiliser des papiers composés de fibres naturelles, renouvelables, recyclables et fabriqués à partir de bois issus de forêts qui adoptent un système d'aménagement durable. En outre, l'éditeur attend de ses fournisseurs de papier qu'ils s'inscrivent dans une démarche de certification environnementale reconnue.

Direction : Catherine Saunier-Talec
Responsable éditoriale : Céline Le Lamer
Responsable de projet : Lisa Grall
Responsable artistique : Antoine Béon
Mise en page : Nord Compo Révision :
Fabienne Vaslet Fabrication : Amélie Latsch
Partenariats : Dana Lichiardopol-George (dlichiardopol@hachette-livre.fr)

Dépôt légal : décembre 2020
12-2383-9 / 01
ISBN : 978-2-01-713805-1
Imprimé en Espagne par Macrolibros

www.hachette-pratique.com

facebook.com/hachettecuisine

PAPIER À BASE DE FIBRES CERTIFIÉES

hachette s'engage pou[r] l'environnement en réduisant l'empreinte carbone de ses livres. Celle de cet exemplaire est de :
2,9 kg éq. CO_2
Rendez-vous sur www.hachette-durable.fr